Cornelia Ziegler

111 Orte rund um München, die man gesehen haben muss

emons:

Bibliografische Information der Deutschen Nationalbibliothek
Die Deutsche Nationalbibliothek verzeichnet diese Publikation
in der Deutschen Nationalbibliografie; detaillierte bibliografische
Daten sind im Internet über http://dnb.d-nb.de abrufbar.

© Emons Verlag GmbH
Alle Rechte vorbehalten
© der Fotografien: Cornelia Ziegler, Alfred Hössl,
Chris Sindermann, außer S. 88: Parabelrutsche:
© VG Bild-Kunst, Bonn 2018; S. 175: Martin Blumöhr
© Covermotiv: fotolia.com/mitifoto
Layout: Eva Kraskes, nach einem Konzept
von Lübbeke | Naumann | Thoben
Kartografie: altancicek.design, www.altancicek.de
Kartenbasisinformationen aus Openstreetmap,
© OpenStreetMap-Mitwirkende, ODbL
Druck und Bindung: CPI – Clausen & Bosse, Leck
Printed in Germany 2018
ISBN 978-3-7408-0437-4
Originalausgabe

Unser Newsletter informiert Sie
regelmäßig über Neues von emons:
Kostenlos bestellen unter
www.emons-verlag.de

Vorwort

Dieses Buch erzählt von Reisen in Grenzgebiete. Durch die die meisten Münchner hindurch-, aber selten hineinfahren, weil es sie in den Süden zieht. Oder in den Osten. Oder in die weite Ferne. Nach Myanmar, aber nicht nach Moosinning, nach Dubai, aber nicht nach Dachau, nach Honolulu, aber nicht nach Hebertshausen.

Merkwürdig, München ist in Büchern viel beschrieben. Aber über den Mittleren Ring gehen die Beschreibungen selten hinaus. Wenn doch, dann als Wanderungen oder Radtouren. Dabei waren diese Orte rund um München einst eigenständige Ortschaften mit einem eigenen kulturellen Leben und einem eigenen Charakter.

Ich habe mich ein Jahr lang auf Entdeckungsreise begeben und Wundersames gefunden. Ein Museum voller Grabkreuze, die ganze Geschichten erzählen. Eine Kathedrale, in der die heilige Wandlung von grünem Gras zu weißer Milch vollendet wird. Ich habe mich anstecken lassen von der Begeisterung des Piloten jener Caravelle, mit der einst die Beatles und Georges Pompidou geflogen sind – und ich dann auch. Ich bin durch den Finstertunnel gegangen und habe in der Holzbibliothek Pflanzen studiert. Große Gastfreundschaft habe ich bei Aristoteles Onassis und Maria Callas erfahren. Und ich bin in der Welt der Wissenschaft eine Parabel runtergerutscht. Ganz am Schluss habe ich auch herausbekommen, was der rätselhafte Schriftzug an einer Hausecke gegenüber dem Gefängnis von Stadelheim bedeutet. Denn München ist auch außerhalb der Innenstadt spannend. EBEN!

Besonderen Dank an Alfred Hössl, den »Hoffotografen«, der mit Begeisterung viele der 111 Orte mit der Kamera festgehalten hat. Und an Chris, nicht nur fürs Mooshäusel.

111 Orte

1___ Der Erlebnisgarten | Allach
   Wo die Edelsteine schwimmen | 10

2___ Das Diamalt-Werk | Allach-Untermenzing
   Dornröschenschloss mit Wild-West-Pathos | 12

3___ Der Strand | Aschheim
   Sonnige Grüße vom Roberto-Beach | 14

4___ The Duke | Aschheim
   Zwei Ginthusiasten | 16

5___ Das Werksviertel | Berg am Laim
   Altes G'lumpp und Schafherde | 18

6___ Das Mooshäusel | Bergham
   Ein Kleinod | 20

7___ Das Bezirksmuseum | Dachau
   Hand in der Weste, Mops auf dem Arm | 22

8___ Das Café Gramsci | Dachau
   Ein versteckter Schatz | 24

9___ Das Denk-Haus | Dachau
   Hundertwassers letztes Werk | 26

10___ Das Dorf Lansing | Dachau
   Potemkins Dorf | 28

11___ Der Kräutergarten | Dachau
   Abseits und fast vergessen | 30

12___ Der Aussichtsturm | Ebersberg
   Auf dem Eiffelturm von Ebersberg | 32

13___ Das Grabkreuzmuseum | Ebersberg
   Teuflischer Trick | 34

14___ Das Museum Wald und Umwelt | Ebersberg
   In der Holzbibliothek | 36

15___ Das Pfefferminzmuseum | Eichenau
   Opiumanbau und Falschminzer | 38

16___ Der Maibaum | Eicherloh
   Direkte Antenne zum Himmel | 40

17___ Die Stadtapotheke | Erding
   Die unglücklichen Opfer der Chemie | 42

18___ Die Turmschieber | Erding
   D'ardinga Turmschiaba | 44

19 — Der Besucherpark | Erdinger Moos
Einmal um die ganze Welt | 46

20 — Die Kunst im Flughafen | Erdinger Moos
Und wieder guckt keiner | 48

21 — Der meditative Wanderweg | Erdweg
In sich gehen im Finstertunnel | 50

22 — Mariä Verkündigung | Fasangarten
Ich sehe dich! | 52

23 — Das Eicher-Museum | Forstern
Ein indischer Traktor | 54

24 — Die Wirtschaft Hofkücherl | Forstinning
Was vom Continental übrig blieb | 56

25 — Das fehlende Oktogon | Freising
Nur ein Denkmal der Hygiene | 58

26 — Das Museum Altes Gefängnis | Freising
Zauberbubenprozesse und Hexenturm | 60

27 — Die mystische Krypta | Freising
Durchkriechstein und Propagandasäule | 62

28 — Das Quellheiligtum | Freising
Hunde, hört ihr auf zu saufen! | 64

29 — Der Schafhof | Freising
Bei Schafsausfuhr Todesstrafe! | 66

30 — Der Weltwald | Freising
Ein Curiosum ersten Ranges | 68

31 — Das Equilaland | Fröttmaning
Königliche Tiere | 70

32 — Das versunkene Dorf | Fröttmaning
Ich kann keine Kunst mehr sehen | 72

33 — Das Naturschutzgebiet | Fröttmaninger Heide
Lasst Panzer rollen! | 74

34 — Das Attentat-Denkmal | Fürstenfeldbruck
Als die Spiele tödlich wurden | 76

35 — Der Finger der Bavaria | Fürstenfeldbruck
Nero und ich | 78

36 — Die Gedenkbänke | Fürstenfeldbruck
Zwei Minuten und 18 Sekunden | 80

37 — Die Stadtbibliothek in der Aumühle | Fürstenfeldbruck
Was ist das denn? | 82

38 — Die weißen Kutten | Fürstenfeldbruck
Sich mal als Mönch verkleiden | 84

39   Das Observatorium | Garching-Forschungszentrum
Sag mir, welche Sternlein stehen | 86

40   Die Parabelrutsche | Garching-Forschungszentrum
$z = y = hx^2/d^2$ | 88

41   Die U-Bahn-Station | Garching-Forschungszentrum
Walhalla der Wissenschaftler | 90

42   Die Kutschensammlung | Germering
Zur Seite, der König kommt! | 92

43   Der Ostfriedhof | Giesing
Kaskaden, Henker und ein Psychiater | 94

44   Der Felsen | Gräfelfing
Und ewig blickt der Winnetou | 96

45   Das Uhrengehäuse | Gräfelfing
Tick, tack, Kopf ab | 98

46   Der Teufelsstein | Grafrath
Ich muss mich schon wieder aufregen | 100

47   Die Russenbrücke | Gröbenzell
Wie Bücher in einer Bibliothek | 102

48   Das Asylkreuz | Großdingharting
Lauf um dein Leben | 104

49   Das Isarfräulein | Großhesselohe
Wo das Klo noch Abort heißt | 106

50   Die Isarprinzessin | Großhesselohe
Dann schnitz ich mir halt eine Frau | 108

51   Die Bavaria Filmstudios | Grünwald
Die spinnen | 110

52   Das Jugendstildorf | Haar
Ein Muster von einem Dorf | 112

53   Das Psychiatriemuseum | Haar
Der Fall Oskar Maria Graf | 114

54   Der Tierfriedhof | Hallbergmoos
Wir werden uns wiedersehen | 116

55   Eben! | Harlaching
Eine Zeitreise | 118

56   Der SS-Schießplatz | Hebertshausen
Der »Untermensch« | 120

57   Die Viereckschanzen | Holzhausen
Kultische Energieaufladung für die Kelten | 122

58   Die Caravelle | Ismaning
La rapide, la douce, la sûre | 124

59 __ Das Schloss | Ismaning
Sonnenuhr und Kuchenbaum | 126

60 __ Das Bajuwarendorf | Kirchheim
Seifenkraut und Judenstrick | 128

61 __ König Ludwigs Luftschloss | Kleindingharting
Der höchste Punkt im Münchner Süden | 130

62 __ Die Eisenkapelle | Langwied
Ihr Geisterlein kommet, oh kommet doch all | 132

63 __ Das Räuber Kneißl Museum | Maisach
D' Woch fangt scho guat o | 134

64 __ Die Heilquelle | Mariabrunn
Wo Sisi kalte Duschen kriegte | 136

65 __ Das Adolf-von-Baeyer-Denkmal | Martinsried
Soll er weiter blau machen | 138

66 __ Die Kolonie | Neuaubing
Dort draußen am Ende der Stadt | 140

67 __ Der Stierspringer-Treff | Neuaubing
Auf'd Goschn gfoin | 142

68 __ Der Grieche | Neufahrn
Keine griechische Tragödie | 144

69 __ Die Mauer | Neuperlach
Grenzt euch ab! Mauert euch ein! | 146

70 __ Der Steinbruch | Oberhaching
Der Hexentanzplatz | 148

71 __ Das Michael-Ende-Museum | Obermenzing
Tu, was du willst! | 150

72 __ Das versteckte Kloster | Obermenzing
Bitte, kommt herein! | 152

73 __ Das Raumfahrtzentrum | Oberpfaffenhofen
Houston hier! | 154

74 __ Die Biene-Maja-Bank | Oberschleißheim
Weltweit einzigartig! | 156

75 __ Die Olympia-Regattastrecke | Oberschleißheim
Nostalgisches Gebäude | 158

76 __ Der Betonkoloss | Obersendling
Furchtlos! | 160

77 __ Der Biergarten am See | Olching
Elvis Presley! Ella Fitzgerald! Elton John! | 162

78 __ Das König-Otto-Museum | Ottobrunn
Gescheitert? Geschaffen! | 164

79 Klein-Venedig | Pasing
   Alles nur geklaut | 166
80 Die Linie 19 | Pasing
   Einmal quer durch die Stadt ohne schmerzende Füße | 168
81 Das Meisterstück | Pasing
   Burned out! | 170
82 Die Moschee Haci Bayram | Pasing
   Muezzinruf und Glockenläuten | 172
83 Der Tunnelblick | Pasing
   Pasinger Panoptikum | 174
84 Die Alpaka-Ranch | Petershausen
   Tiere im Trend | 176
85 Das Karl-Valentin-Haus | Planegg
   Die Werkstatt ist das Ende vom Anbau | 178
86 Das Kloster Maria Eich | Planegg
   Seelengärtlein, Fatschenkind und Eichenbaum | 180
87 Der Speichersee | Pliening
   Judenstrick und Nestbeschmutzer | 182
88 Das Bauzentrum | Poing
   Zeig mir dein Haus und ich sage dir … | 184
89 Der Wildpark | Poing
   Kitty macht's | 186
90 Burg Schwaneck | Pullach
   Dem Schwanthaler sein Schwanitz | 188
91 Der Sonnenwinkel | Pullach
   Wo die ganz Bösen wohnten | 190
92 Die Gustav-Adolf-Kirche | Ramersdorf
   Hitler grüßt von oben herunter | 192
93 Das Archiv Geiger | Solln
   Ich seh rot! | 194
94 Der Waldfriedhof | Solln
   Das Grab der Vera Brühne | 196
95 Das Hotel Bayerischer Hof | Starnberg
   Wo Sisi abstieg | 198
96 Das König-Ludwig-Denkmal | Starnberg
   Er hat viel hinter sich | 200
97 Bayerns schönster Bahnhof | St. Ottilien
   Kopftuch und Kittelschürze | 202
98 Die Melkkathedrale | St. Ottilien
   Kühe, Kommunion, Kathedrale | 204

 99   Die Villa Flosslände | Thalkirchen
Sommerfrische und Wintertraum | 206

100   Die Zwergenkolonie | Thalkirchen
Ein Ziel für Nanologen | 208

101   Das Brainlab | Trudering-Riem
Formel an der Front | 210

102   Der Friendship Garden | Trudering-Riem
Auf dem Wasser durch die sieben Hügel | 212

103   Pro aurum | Trudering-Riem
Münzen zu Wänden | 214

104   Der Obelisk | Unterföhring
Innovativer Krieg | 216

105   Der Suppenbrunzer | Unterföhring
Ein Museum zum Anfassen | 218

106   Der Landschaftspark | Unterhaching
Alle werden glücklich | 220

107   Der Campingplatz Anno 72 | Wolfratshausen
Home sweet home | 222

108   Der japanische Garten | Wolfratshausen
Ich glaub, ich seh nicht recht! | 224

109   Das Stadtarchiv | Wolfratshausen
Krachlederne und Kondolenzbrief | 226

110   Das Badehaus | Wolfratshausen-Waldram
Das letzte Schtetl Europas | 228

111   Der Zamilapark | Zamdorf
Einmal um ganz Bayern | 230

1 Der Erlebnisgarten
Wo die Edelsteine schwimmen

Eine alte Dame saß Stunde um Stunde am Teich und schaute konzentriert auf den immer gleichen Punkt. Im Garten begann man sich schon Sorgen um sie zu machen. Doch dann die Erleichterung: Sie hatte beobachtet, wie sich eine Libelle entpuppte. Und schon war der Name des Gartens geboren: Erlebnisgarten und als Logo die Libelle.

Bis zu sechs Jahre alte, beeindruckende Koi-Majestäten – von den Japanern auch schwimmende Edelsteine genannt – gleiten in zwei Becken durch das Wasser. Bei ihrem Anblick versteht man, warum sie für Macht, Stärke und Wohlstand stehen. Wirklich alles rund um den Garten findet man hier: insektenfreundliches Gärtnern, Ausgefallenes wie die Grapefruit-Minze, einen Naschgarten mit einem Familienbaum, der gleich vier verschiedene Apfelsorten auf einmal trägt, und plätschernde Wasserspiele, mal aus dekorativen Blechvögeln, mal als »Reflecting-Pool«. Es gibt den kinderfreundlichen Naturbadeteich oder den Naturpool mit Holzdeck. Man kann einfach ungestört durchschlendern, Beratung gibt's auf Anfrage. Das überirdische Gebrüll irgendwo im hinteren Garten kommt von einem Papagei. Und wer gleichzeitig exotisch und doch heimattreu garteln möchte, der schafft sich eine Bayern-Palme an, die *Trachycarpus fortunei wagnerianus* – unter den Palmen gilt diese Neuzüchtung einer Hanfpalme als die absolut winterhärteste! Natürlich steht sie im blauen Garten, in dem auch die Blue Spire (auch Blauraute oder Silberbusch, die Bartblume, der Salbei, *Salvia nemorosa*, und die Dalmatiner Glockenblume oder auch *Campanula portenschlagiana* gedeihen. Dazu die weißen Blumen *Eremurus himalaicus* – die Himalaya-Steppenkerze und die *Anemone blanda*. Oder die Hybride Honorine Jobert oder die *Vinca minor Alba* – weißes Immergrün.

Beim Gang durch den Erlebnisgarten Schleitzer, von einer Garteninszenierung zur nächsten, glaubt man gern den Chinesen: »Das Leben beginnt mit dem Tag, an dem man einen Garten anlegt.«

Adresse Erlebnisgarten Schleitzer, Reschenbachstraße 18, 80999 München-Allach | **ÖPNV** S 2, Haltestelle Karlsfeld, Ausgang links in Fahrtrichtung, Eversbuschstraße rechts, in Birkenstraße, links in Föhrenweg, Weckerweg bis Siberstraße links, beschildert, 10–15 Minuten | **Anfahrt** Dachauer Straße stadtauswärts, immer Richtung Dachau, links in Ludwigsfelder Straße bis zum Ende, rechts, die nächste links in Kleselstraße, beschildert | **Öffnungszeiten** Mitte März–Okt. Mo–Fr 10–18 Uhr, Sa 10–14 Uhr | **Tipp** Ein schöner Garten ist am Haus Nummer 10 in der Eisolzstraße auf dem Weg zur S-Bahn zu bewundern.

ALLACH-UNTERMENZING

2 Das Diamalt-Werk
Dornröschenschloss mit Wild-West-Pathos

Einst war dies ein Lost Place – also ein verlassener Ort – wie aus dem Bilderbuch. Aber nun entsteht hier eine Wohnanlage, und das Wild-West-Pathos wird Vergangenheit sein.

Kesselhaus und Suppenwürze-Haus der ehemaligen Firma gelten heute als »Ikonen der Industriegeschichte«: Hier wurde seit Beginn des 20. Jahrhunderts Diamalt, ein flüssiges Backmittel für Hefeteig, hergestellt und in alle Welt verkauft. Daneben Suppenwürze und Malzbonbons. Das noch heute bekannteste Produkt der Firma ist Ovomaltine, die sie 1904 als nährendes Getränk für »geistig und körperlich Erschöpfte« verkaufte und später dann als »Getränk für die ganze Familie« auf den Markt brachte. Die Firma war einer der ersten Global Player, wurde mal von den Roten Garden, mal von den Weißen Truppen besetzt und machte schon in den 1920er Jahren Schlagzeilen wegen Umweltverschmutzung. Oskar Maria Graf, gelernter Bäcker und späterer Schriftsteller von Weltrang, hatte, als er noch nicht berühmt war, Texte für die Werks-Jahrbücher verfasst. Seine Erlebnisse mit Diamalt schilderte er später im Roman »Gelächter von außen«. 1994 dann schloss die Firma ihre Tore, und das über acht Hektar große Gelände lag brach. Kessel- und Suppenwürze-Haus wurden unter Denkmalschutz gestellt.

Lange wird die Romantik dieses Ortes nicht erhalten bleiben, denn München braucht dringend Wohnraum, und so wird das Areal zu einer Wohnanlage für 16.000 Menschen umgebaut: Sie soll einer abgeschirmten Burg mit historischem Inneren gleichen. Die »Süddeutsche Zeitung« schrieb dazu im Mai 2018: »Dort bleibt, trotz der 730 Wohnungen, die in München selten gewordene Industriearchitektur in Form der alten Suppenwürze-Fabrik, des Werkstätten-Gebäudes und des Kesselhauses erhalten. Sie ist ein Fingerzeig in die Vergangenheit.«

Die »Rauheit der Architektur« war Ausgangspunkt für die Umgestaltung.

Adresse Am Münchfeld 40–44, 80999 München-Allach-Untermenzing | **ÖPNV** S 2 Petershausen, Haltestelle Allach, rechts in Fahrtrichtung, circa 15 Minuten Fußweg | **Anfahrt** München Hbf, von Landsberger Straße Donnersbergerbrücke / B 2 R und B 304 bis Ludwigsfelder Straße folgen, Ludwigsfelder Straße bis Am Münchfeld | **Tipp** Nicht zu besuchen, aber von außen zu erspähen ist das »Allacher Neuschwanstein«, erbaut von einem exzentrischen Reichen des 19. Jahrhunderts.

3 Der Strand
Sonnige Grüße vom Roberto-Beach

An sonnigen Tagen kommt hier richtiges Beach-Feeling auf. Die Füße gehen über den ganz feinen weißen Sand, das Wasser leuchtet türkisblau mit den Liegestühlen um die Wette, und Bastschirme schützen vor der Sonne. Die Strandbar ist geöffnet. Exotische Cocktails, kleine Imbisse, perfekte Urlaubsatmosphäre. Und die Schönen und Reichen sind auch da, wenn man sich die Automarken so anschaut, die vor Robertos Beach parken. Denn im Osten von München gibt man sich gern mal exklusiv.

Gehörte zum amerikanischen Lebenstraum der 1960er Jahre nicht auch das Wasserskilaufen? Das gibt es gleich nebenan, allerdings mit dem Wakeboard. Die Wakeboardanlage hat Geschichte geschrieben: Denn der Erfinder der Wasserski-Seilbahn, also des Wasserskis für die nicht ganz so Betuchten, die sich kein Motorboot leisten können, war Bruno Rixen. Eine der ersten Anlagen verkaufte er nach Aschheim. Wakeboarder stehen anders als Wasserskiläufer nicht auf zwei Brettern, sondern nur auf einem. Anstelle des Bootes werden sie von einer Art Kabel durchs Wasser gezogen. Kunst gibt es hier auch noch: Die Features, also die Hindernisse, über die man springt, sind von Nane bemalt, einer Kölner Künstlerin, die sich neben Leinwänden auf Surfbretter und Wakeboards spezialisiert hat.

Aber auch Familien mit kleinen Kindern kommen gern her, denn am Rand hat das Wasser nur Knietiefe, weiter draußen fahren die Wakeboarder. Neben der Strandbar steht die große Halle, wo auch im Winter Beachvolleyball gespielt wird.

Neben dem Roberto-Beach lockt seit Neuestem Adventure-Minigolf, eine Minigolfanlage, bei der mit echten Golfschlägern gespielt wird und die Hindernisse wie beim echten Golfspiel natürlicher Art sind: also kleine Hügel, ein Findling oder eine Holzspirale. Auch brandneu: Fußball-Billard, bei dem mit den Füßen eingelocht wird.

Adresse Am Eventpark 20, 85609 Aschheim | **ÖPNV** U 2, Haltestelle Messestadt West, Bus 234, Haltestelle St. Emmeram Realschule | **Anfahrt** A 94 Richtung Salzburg/ Nürnberg/Flughafen, Ausfahrt Feldkirchen-West, Richtung Erding, Ottendichler Straße folgen | **Öffnungszeiten** Mai – Sept. täglich 10 – 24 Uhr, auch Feiertage, Okt. – April Mo – Fr 15 – 24 Uhr, Sa, So, Feiertage 10 – 24 Uhr | **Tipp** In Sichtweite vom Strand steht die St.-Emmeram-Realschule, die an ein Schiff erinnert. Ein Plan im Inneren zeigt, welche verschiedenen Bäume rund um die Schule wachsen.

4 The Duke
Zwei Ginthusiasten

Er ist schon von außen ein Hingucker: der markante Backsteinbau der alten Brennerei in Aschheim. Während die Brennereien in Kirchheim oder Gronsdorf abgerissen wurden, sanierte die Gemeinde Aschheim die ihrige und führte sie einem neuen alkoholischen Zweck zu. Jetzt wird hier Gin destilliert. Es war eine »Schnapsidee« der beiden Gründer, die sich im Herbst 2007 zusammenfanden, um sich zum Abschluss des Tages einen gepflegten Gin Tonic zu genehmigen. Und noch einen und noch einen ... Getreu dem Ausspruch von Gotthold Ephraim Lessing: »Zu viel kann man wohl trinken, doch nie trinkt man genug.« Die beiden waren schon lange auf der Suche nach dem perfekten Gin, und an diesem Abend hatten sie die Erleuchtung: Sie würden ihn selbst destillieren.

Nach langen Jahren des Ginnierens in einem Münchner Hinterhof siedelten sie mit ihrem Gin »The Duke« nach Aschheim in das neue, repräsentative Domizil um, einen historischen Ziegelbau von 1892. Drinnen glänzen die beiden kupfernen Destillen, der kleine und der große Carl, um die Wette. Und in ihrer kupfernen Außenhülle spiegelt sich die alte Backsteinwand. Der Ginthusiast Maximilian Schauerte kennt durchaus die Wirkungen der Kräuter: Nach einem Geschichtsstudium hatte er auch in die Pharmazie hineingeschmeckt, um zu erkennen, dass er am liebsten handwerklich etwas herstellt.

Für den besonderen Geschmack des »Duke« sind 13 Gewürze verantwortlich – unter anderem Koriander, Zitronenschalen, Angelikawurzel, Lavendelblüten, Ingwerwurzel und Orangenblüten.

Übrigens: Der Wacholderbaum kann bis zu erstaunlichen 2.000 Jahren alt werden. Eine Wirkung, die sich auf seine Konsumenten zu übertragen zu scheint: Denn ist Queen Mum nicht 101 geworden? Auch ihre ebenfalls hochbetagte Tochter Queen Elizabeth schätzt ihren abendlichen Gin Tonic. Einen Ingwer-Liqueur stellen die Herren übrigens auch her, und Ingwer soll ja ebenfalls sehr gesund sein ...

Adresse Feldkirchner Straße 1, 85609 Aschheim | **ÖPNV** S 2, Haltestelle Feldkirchen | **Anfahrt** A 99, Ausfahrt Aschheim | **Öffnungszeiten** Laden Mo–Fr 9–17 Uhr | **Tipp** Südlich des Ortes, nahe der heutigen Straße nach Feldkirchen, wurde eine *villa rustica* aus der Römerzeit freigelegt. Sie kann per Durchblickpanorama in rekonstruierter Form in der Landschaft gesehen werden.

5 Das Werksviertel
Altes G'lumpp und Schafherde

Allein die Geschichte der Familie Eckart wäre ein eigenes Kapitel wert. Einst beherbergte sie in ihren Gastronomiebetrieben auch den berühmten Casanova. Später besaß sie die Pfanni-Werke, 1996 wurde das Pfanni-Werk in München geschlossen. Auf dem Areal entstand die Feiermeile Kunstpark Ost, der sich wiederum 2003 als Kreativ- und Partyviertel neu erfand.

Und dann ab 2012 die nächste Metamorphose zum komplett neuen Stadtviertel. Unter dem Motto: leben, wohnen, arbeiten, bewegen. Keine Wohnungen als Kapitalanlage, sondern nur als Lebensraum. Sogar für Schafe, denn eine Herde von ihnen grast auf einem Hausdach, Kinder dürfen sie besuchen. Erwachsene können sie bald von Münchens höchstem Hotel aus sehen – dem 86 Meter hohen ehemaligen Kartoffelsilo von Pfanni. Mit grandiosem Ausblick auf München und die Alpen, aber auch auf die Schafherde unten. Mittendrin im Viertel eine Almhütte, auf 519 Meter Höhe, wie ein Schild stilgerecht verkündet. Das Gebäude, in dem Musicals gespielt werden, ist schon eröffnet.

Irgendwann wird hier die Konzerthalle der Münchner Symphoniker stehen. Bereits fertig ist die Medienbrücke, die aussieht wie ein umgekipptes Hochhaus. In der Kunst-Werk-Küche von Katharina Inselkammer arbeiten Behinderte und Nichtbehinderte zusammen, bewusst nicht als gemeinnütziges, sondern als wirtschaftliches Projekt. Die behinderten Mitarbeiter werden hier für andere Gastronomiebetriebe ausgebildet. Die Inneneinrichtung der Kunst-Werk-Küche mit dunkelgrünen Lederstühlen, schönen alten Holzmöbeln und einem langen Tresen stammt von »Juwelier Kraus am Dom«. Als der geschlossen hat, hat Inselkammer das »alte G'lumpp«, wie es von Spöttern genannt wurde, übernommen und eingelagert. Heute schafft es Gemütlichkeit in dem Betonbau von Werk 3.

Ein Viertel erfindet sich neu – und man kann beobachten, wie es sich entwickelt. Spannend.

Adresse Forum Werksviertel, Grafinger Straße 2, 81671 München-Berg am Laim | **ÖPNV** alle S-Bahnen ab Ostbahnhof, fünf Minuten Fußweg | **Tipp** Am Zaun an der Orleansstraße, gegenüber der Hausnummer 63, verabschiedete am 23. Juli 1942 Sophie Scholl ihren Bruder Hans Scholl, Alexander Schmorell, Willi Graf und Hubert Furtwängler, die als Medizinstudenten zum dreimonatigen Sanitätsdienst an die Ostfront aufbrachen.

6 Das Mooshäusel
Ein Kleinod

Offiziell »Herderhaus« genannt, kennt man dieses kleine Gebäude in der Umgebung als Mooshäusle, denn es steht im Erdinger Moos. Bis vor wenigen Jahren fristete es noch ein unbeachtetes Dasein mitten in einem Lindenhain, kein Zaun drum herum und die Tür nicht abgeschlossen. In der Kurzbeschreibung der Liste der Baudenkmäler in Erding heißt es schon fast lieblos nüchtern, es handle sich um einen »altertümlichen, erdgeschossigen Blockbau mit hohem, strohgedecktem Walmdach aus der Mitte des 17. Jahrhunderts«.

Man könnte aber auch sagen: Es ist ein historisches Schatzkästchen. Immerhin stammt es aus dem Jahr 1650 und ist somit eines der ältesten Wohnhäuser Bayerns auf dem Lande. Noch besser: Es stand schon immer an dieser Stelle und war wohl ohne Unterbrechung über 350 Jahre bewohnt. Der letzte Hirte lebte bis 1952 in dem Häuschen, dann zog er ins Altersheim um, wo er 15 Jahre später verstarb.

Wenn man über den niedrigen Zaun steigt, kann man durch ein Fenster hineinspähen. Das Häuschen ist durch einen Flur, den Flez, unterteilt: links die Stube, die Küche und die Kinderkammer. Auf der anderen Seite ein kleiner Schafstall für die Handvoll Schafe, die dem Schäfer selbst gehörten. Und dann noch eine Kammer für das Schäfer-Ehepaar selbst. Im Obergeschoss wurde das Heu gelagert. Gedeckt war das Häuschen mit einem dichten Reetdach, das weit über die Außenwand hinausragte und so einen wettergeschützten Umgang bildete. Fließend Wasser gab es natürlich nicht, aber einen Brunnen.

Seit Neuestem flankiert das Herderhaus die Nachbildung eines »Stangenbrunnens«, ein Brunnen, wie man ihn aus Filmen kennt, die in der ungarischen Puszta spielen. Mit Liselotte Pulver und vielen Gänsen in den Hauptrollen. Der historisch fragwürdige Brunnen mutet seltsam fremd an in dieser archaischen Szenerie, neben dem uralten Haus in seinem alten Lindenhain. Eine Insel der Zeit inmitten des Verkehrs.

Adresse Am Lindenhain 40, 85435 Erding-Bergham | **ÖPNV** S 2, Haltestelle Aufhausen, Richtung Straße / Bahnübergang gehen, links zur Ampel, Kreuzung überqueren, 100 Meter geradeaus | **Anfahrt** B 388, von München / Ismaning Richtung Erding, kurz vor McDonald's links, nach 50 Metern rechts ab, 1 Kilometer bis zur Ampel in Bergham, rechts ab, circa 50 Meter | **Tipp** Die sehr wursthaltige Brotzeitplatte beim »Lindenwirt« am Mooshäusl ist gigantisch groß und gut. Im idyllischen Park von Schloss Aufhausen stehen eine 200 Jahre alte Rotbuche, als »Hochzeitsbaum« berühmt, sowie eine antike Kegelbahn.

7 Das Bezirksmuseum
Hand in der Weste, Mops auf dem Arm

Eines fällt auf in diesem Museum: Sehr oft spielen die Hände auf den Gemälden eine besondere Rolle.

Da gibt es die Dachauer Bürger, die mit der Hand in der Weste dargestellt sind. Wie das denn? Das war doch die Geste Napoleons? Der Mann soll ja die Krätze gehabt und deswegen gleich die Hand in der Weste behalten haben, um sich so ständig kratzen zu können – kein Wunder bei all der Zeit, die er in Militärlagern verbrachte. Vielleicht war aber gar nicht das große Vorbild Napoleon Grund für diese Darstellung, sondern die Tatsache, dass es einfach billiger war, sich nur mit einer Hand malen zu lassen. Denn Hände zu malen ist das Schwierigste und somit auch das Aufwendigste in der Malerei. Wie immer ist die Wahrheit viel langweiliger: Die Hand in der Weste war eine populäre Geste, die sich auf vielen Gemälden von Staatsmännern und bedeutenden Persönlichkeiten des 18. und 19. Jahrhunderts findet – und von solchen, die sich für bedeutend hielten, wie hier eben die Dachauer Bürger.

Dann gibt es noch die Darstellung der Eidhand: Zur Aufnahme als Bürger in einen Markt oder eine Stadt musste der Anwärter nicht nur einen Bürgen vorweisen und eine Geldzahlung leisten, sondern auch einen Eid zu schwören, den sogenannten Bürger-Eid. Dafür musste er die flache Hand nach oben heben. Als Bürger hatte man neben Pflichten auch besondere Rechte inne, zum Beispiel konnte man in den Magistrat oder zum Bürgermeister (damals ein jährliches Ehrenamt) gewählt werden. Metzger, Wirt und Bürgermeister Ignaz Lumberg ließ sich 1750 mit einem Mops auf dem Arm darstellen. Schon am Hofe des Kaisers von China war diese Hunderasse in Mode, ebenso beim französischen Adel, bevor ihn die Französische Revolution mitsamt seinen Möpsen dahinraffte. Nun übernahmen die jetzt reichen und einflussreichen Bürger die »Mopsomanie« des Adels. Im obersten Stock fallen auf einem Bild die knorrigen Arbeitshände eines alten Dachauer Bauernpaares auf.

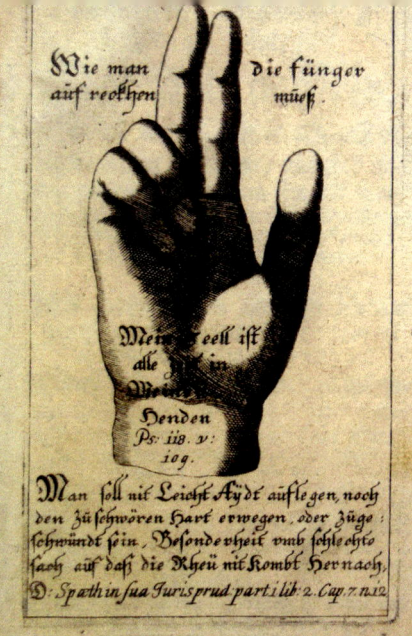 

Adresse Augsburger Straße 3, 85221 Dachau | **ÖPNV** S 2, Haltestelle Dachau; Mo – Sa bis 14 Uhr alle 10 Minuten Citybus 719, So Bus 720 und 722 | **Anfahrt** München Nord-West auf der B 304 über Moosach, Karlsfeld, am großen Verteiler vor Dachau Richtung Oberaugustenfeld / Dachau in die Münchner Straße, hinter der Amper links Richtung Karlsberg bis Ende | **Öffnungszeiten** Di – Fr 11 – 17 Uhr, Sa, So 13 – 17 Uhr | **Tipp** Bodenständige und preiswerte Küche gibt es im Zieglerbräu nebenan. Schon Ludwig Thoma war hier zu Gast, wie ein kleiner Gedenkaltar zeigt.

8 Das Café Gramsci
Ein versteckter Schatz

Hier ist es einfach unendlich gemütlich. Oder um es mit den Worten des Dachauer Bürgermeisters Kai Kühnel zu sagen: »Das Café Gramsci ist für Dachau das Tor zur internationalen Musikszene. Ein Schatz, versteckt auf dem Altstadthügel und ein zentraler Eckpfeiler des Dachauer Kulturlebens.« Wobei der Eckpfeiler nur vier Tische hat und eine Bühne, die landesweit sicher zu den kleinsten zählt. Genug Platz für alle, die andere treffen, riesige Portionen Pasta mit einem gut gewürzten Salat essen und internationalen Künstlern zuhören möchten.

Zu so viel Gemütlichkeit gehört ein Maibaum, unter dem man sich treffen und ratschen kann. Stolze sieben Meter ist das Prachtexemplar hoch, gestaltet von 14 Künstlern der Dachauer Künstlervereinigung. Ganz oben steht »Eure Gunst ist unser Streben«, die Beatles sind auf einer Art Laubsägearbeit zu sehen, auf der sie wie auf dem weltberühmten Plattencover hintereinander über einen Zebrastreifen gehen. Darüber zwei Biertrinker (einmal männlicher, gut situierter Dachauer, einmal weibliche Säuferin), und des Vinos wird natürlich auch gedacht. Dies ist vermutlich Bayerns originellster Maibaum, und das will was heißen. Vier Männer holten den sieben Meter hohen Baum damals aus der Garage und stellten ihn nach alter Tradition ohne Hilfe von technischen Geräten auf Kommando auf.

Im Innenhof vor dem Gramsci findet jeden Donnerstag ein Freiluftkino statt, in dem ausgesuchte Klassiker der Filmgeschichte gezeigt werden. Passanten können kommen und zuschauen. Denn der Wirt vom Gramsci, Christian Salvermosser, ein ehemaliger Berufsschullehrer, träumt von einer Altstadt wie ein Dorf: Es soll ein Ort der Begegnung sein, an dem alle auf die Sauberkeit und Schönheit des Dorfes achten und gemeinsam feiern, statt über Lärmbelästigung zu klagen. Bei einem Glas Wein, dort in der Kneipe in unserer Straße, da, wo das Leben noch l(i)ebenswert ist …

Adresse Burgfriedenstraße 3, 85221 Dachau | **ÖPNV** S 2, Haltestelle Dachau; Mo–Sa bis 14 Uhr alle 10 Minuten Citybus 719, So Bus 720 und 722 | **Anfahrt** auf der B 304 über Moosach, Karlsfeld, am großen Verteiler vor Dachau Richtung Oberaugustenfeld/Dachau in die Münchner Straße | **Öffnungszeiten** Di–Sa 18–1 Uhr | **Tipp** Zu allen Jahreszeiten beeindruckend ist die Lindenallee im Schlosspark von Dachau.

9 Das Denk-Haus
Hundertwassers letztes Werk

Da geht man die Münchner Straße entlang und stutzt: Das ist doch ein Werk von Friedensreich Hundertwasser! Richtig, und zwar eines seiner letzten, wenn nicht gar das letzte. Konzipiert vom Architekten Heinz M. Springmann, der einst mit dem berühmten Künstler zahlreiche Spaziergänge durch die neuseeländischen Wälder unternahm. Der Inhaber des heute in dem Gebäude residierenden Cafés, Peter Denk, hatte sich seine Pläne von der Hundertwasser-Stiftung absegnen lassen.

Hundertwasser hat gerade Linien einst als »gottlos« bezeichnet – in diesem Sinne ist das Denk-Haus wirklich alles andere als gottlos. Die Dächer sind zweifarbig rot und schwarz gedeckt, dazwischen eine organische Linie. Die fünf Giebel des Hauses sind alle unterschiedlich ausgeformt. Ebenso gleicht kein Fenster in Form und Farbe dem anderen, sie leuchten in Rot, Blau, Gelb und Schwarz. Nur die Farbe Grün kommt nicht vor. Denn die gibt es bei Hundertwasser nur in Form von Pflanzen: Das Dach ist begrünt, und aus einem Fenster wächst ein Baum, Hundertwassers »Baummieter«. Nachts werden die Fenster beleuchtet.

Goldene Kuppeln krönen die Giebel, und auch das rückwärtige Fenster und die Türen, selbst Briefkästen und Dachrinnenabläufe folgen der Hundertwasser'schen Formgebung. Oben auf dem Dach kräht ein Hahn, und als Hommage an Peter Denks Vater Nikolaus steht hier der heilige Nikolaus, sein Stab von einer Brezn gekrönt.

Hundertwasser sah die Architektur als die dritte Haut des Menschen, die jeder nach seinem Willen gestalten können muss. »Jeder Baum ist anders, kein Mensch ist gleich, jedes Gebäude soll seine Eigenständigkeit bewahren«, zitierte der Architekt seinen verstorbenen Freund. Und weiter: »Ein starker, ruhender Körper in strahlendem Blau. Fenster, die tief im Mauerwerk sitzen, wie bei einem Lebkuchenhaus, und umrahmt sind von bunten, handgemachten Kacheln. Jedes lacht auf seine Art auf die Straße.«

Adresse Münchner Straße 11, 85221 Dachau | **ÖPNV** S 2, Haltestelle Dachau, Richtung Altstadt 5 Gehminuten | **Anfahrt** München Nord-West auf der B 304 über Moosach, Karlsfeld, am großen Verteiler vor Dachau Richtung Oberaugustenfeld/Dachau in die Münchner Straße | **Öffnungszeiten** Mo–Fr 5.30–18 Uhr, Sa 5.30–12 Uhr, So 7.30–11.30 Uhr | **Tipp** Immer gut für einen Absacker: das plüschig-nostalgische City Pub in der Bahnhofstraße 11. Oder ganztags der Biergarten »Alte Liebe«.

10 Das Dorf Lansing
Potemkins Dorf

In die (täuschend echte!) Kirche kann man nicht reingehen, und einen Kirchturm hat sie auch nicht. Das Gasthaus Brunnerwirt – sozusagen das Gesicht des Dorfes – oder die Tankstelle, geschweige denn die Apotheke: sie alle sind nicht betretbar. Zur bayerischen Attrappenidylle gehören auch ein Marktplatz mit Brunnen, ein Maibaum und ein Kriegerdenkmal. Die Weißwürste in der Metzgerei sind aus Plastik. Und der Christbaum wird schon im Oktober geschmückt. Die Rede ist hier von einem auf den ersten Blick typisch bayerischen Dorf, dem fußballfeldgroßen Lansing im Landkreis Baierkofen, gelegen auf dem Gelände einer stillgelegten Feinpappenfabrik an der Schleißheimer Straße. Dem Schauplatz der beliebten Serie »Dahoam is Dahoam«.

An der gemeindlichen Mitteilungstafel der Aushang: »Die Lansinger Landfrauen laden die Senioren einmal im Monat zum Filmnachmittag ein.« Im Brunnerwirt hängt an der Wand ein Artikel aus dem »Süddeutschen Merkur«, der schreibt, dass der Brunnerwirt 1855 von Korbinian Brunner gegründet wurde und ein gelungenes Mehrgenerationenprojekt sei, in dem trotz Alltagschaos Harmonie herrsche, und dass die Wirtsfamilie eisern zusammenhalte. Weiterhin ein Dankschreiben von König Ludwig II. höchstpersönlich, der hier am 23. März 1885 übernachtet und sich sehr zufrieden mit seinem Aufenthalt gezeigt hat.

90 Prozent des Teams arbeiten schon seit zehn Jahren zusammen und sind tatsächlich eine eingeschworene Gemeinschaft geworden. Und einmal im Jahr gibt es ein großes Fest, dann sind alle zusammen, die Schauspieler, die Fans und die vom Sender. Hier ist alles so echt, so urbayerisch, dass man sich in den Arm zwicken und erinnern muss: Das ist ein KULISSENdorf.

In der Wirtsstube des Brunnerwirts wird nicht nur »Dahoam is Dahoam« gedreht, sondern auch der Frühschoppen des BR. Man kann sich als »Gast« im Brunnerwirt beim BR anmelden, allerdings muss man mit sehr langen Wartezeiten rechnen.

Adresse Filmdorf Lansing, Schleißheimer Straße 100, 85221 Dachau | **ÖPNV** S 2, Haltestelle Dachau, Shuttlebus vom Bahnhof | **Anfahrt** auf der B 304 über Moosach, Karlsfeld, am großen Verteiler vor Dachau Richtung Unteraugustenfeld, in die Theodor-Heuss-Straße, an der Schleißheimer Straße rechts, rechts in die Anton-Josef-Schuster-Straße, über die Würm | **Öffnungszeiten** Mi, Fr 10.30 – 16 Uhr, Dauer der Führung circa 2 Stunden | **Tipp** An der Kufsteiner Straße liegt etwas versteckt ein sehr gelungener Skatepark.

11 Der Kräutergarten
Abseits und fast vergessen

»Heute haben wir das Konzentrationslager in Dachau besucht. Wir schauten uns so viel an, wie wir konnten. Wir sahen die Gartenarbeiten. Wir sahen die Birnbäume … Wir sahen all die Bilder, die Häftlinge gemalt haben. Wunderbar. Dann haben wir gegessen, viel.« So schrieb die kleine Gudrun über den Besuch im Kräuter- und Heilgarten. Neben den Kräutern wuchsen hier auch Gladiolen und Primeln, aus denen Vitamin C gewonnen wurde. In einer Gewürzmühle wurde ein Pfefferersatz produziert. Regional und saisonal lautete die Devise. Offiziell hieß das Anwesen »Deutsche Versuchsanstalt für Ernährung und Verpflegung« (DVA). Das erklärte Ziel: Das Deutsche Reich sollte unabhängig werden vom Import ausländischer Medikamente und Gewürze. Alle Produkte wurden in biologisch-dynamischer Anbauweise hergestellt. Der Initiator dieser vorbildlichen Anlage gehörte auch zu den Vorreitern eines bis heute gültigen deutschen Tierschutzgesetzes. Er hieß Heinrich Himmler, und die kleine Gudrun war seine Tochter, die bis zu ihrem Tod im Mai 2018 eine überzeugte Nationalsozialistin geblieben ist.

Nur eine Querstraße entfernt vom Konzentrationslager, da, wo alle hingehen, stehen fast vergessen inmitten eines Industriegebietes die Gewächshäuser. Anfangs mussten dort in den Arbeitskommandos meist Sinti und Roma arbeiten, täglich wurden Menschen erschossen. Ab 1942 wurden mehr und mehr Priester eingesetzt. Ein Malerkommando sollte hier für Himmler ein Pflanzenherbarium anfertigen. Unter Lebensgefahr hielten einige der Häftlinge die Verbrechen der SS-Posten in heimlichen Notizen fest. Die Häftlinge betrieben eine strengstens verbotene Funkanlage und verbreiteten Nachrichten der Alliierten im Lager. Zudem konnten sie über den Laden mit der Außenwelt Kontakt aufnehmen.

Es ist, als ob heute die Natur mit all dem Leid versöhnen möchte: Wenn die Apfelbäume blühen, ist es wunderschön im Kräutergarten, sagt eine Anwohnerin.

Adresse Am Kräutergarten, 85221 Dachau | **ÖPNV** S 2, Haltestelle Dachau-Stadt, Bus 744, Haltestelle Kräutergarten | **Anfahrt** München Nord-West auf der B 304 über Moosach, Karlsfeld, am großen Verteiler vor Dachau Richtung Oberaugustenfeld / Dachau, in Dachau Beschilderung Konzentrationslager, vor dem Lager rechts im Neubaugebiet | **Öffnungszeiten** von außen einsehbar; es gibt auch ein Loch im Zaun … | **Tipp** Der Kräutergarten liegt am drei Kilometer langen »Weg des Erinnerns«, der am Dachauer Bahnhof beginnt.

12 — Der Aussichtsturm
Auf dem Eiffelturm von Ebersberg

Einst stand hier ein Steigbaum, das heißt ein Baum, dessen Äste auf 20 Zentimeter gekürzt waren – nur Mutige trauten sich, da hochzuklettern. Mit dem hölzernen Aussichtsturm kamen auch diejenigen in den Genuss des Panoramablicks, die beim Klettern durch einen Rock behindert, nicht mehr so gut zu Fuß oder nicht ganz schwindelfrei waren.

Während des Ersten Weltkriegs wurde der hölzerne Turm durch den heutigen ersetzt. Er hat entfernte Anklänge an den Art-déco-Stil und wurde von der Firma Hochtief gebaut, als eine Art Demonstrationsobjekt, mit dem man werbewirksam zeigen wollte, was die damals moderne Stahlbetonbauweise zu leisten imstande war – seinerzeit eine wahre Sensation! Die Ingenieure waren stolz auf den filigranen Bau, der bei starkem Wind an der Spitze fast unmerklich schwankt. Ursprünglich hätte der Aussichtsturm einmal »Siegesturm« getauft werden sollen. So war es zumindest zu Beginn des Kriegs gedacht, als der Sieg noch zum Greifen nah schien. Das Ende ist bekannt. Heute ist er einfach nur ein Aussichtsturm, von dem aus man bei entsprechendem Wetter einen phantastischen Blick bis auf die Alpen hat. An die 84 teilweise blutjungen Ebersberger, die im Ersten Weltkrieg fielen, erinnert je eine Linde mit Namensschild am Weg unterhalb des Turms.

An seinem Fuß blickt Joseph Freiherr von Eichendorff auf den Wald. Gestiftet wurde die Bronzebüste des Dichters der Romantik (geboren 1788 in Schlesien, gestorben 1857 in Neisse) von der Landsmannschaft der Schlesier im Jahre 1959 zum Dank an die Ebersberger für die offene Aufnahme der Vertriebenen. Und auch zum Gedenken an ihren berühmten Landsmann, denn von Eichendorff war ebenfalls Schlesier. Der Standort hätte dem Dichter von »Wer hat dich, du schöner Wald« wohl gefallen. Hinter sich den kühlen Wald und vor sich die weite, hügelige grüne Voralpenlandschaft.

Adresse Ludwigshöhe 3, 85560 Ebersberg | **ÖPNV** S 4, Haltestelle Ebersberg, bei der Fußgängerampel ausgeschildert | **Anfahrt** A 94 München–Passau, Ausfahrt Forstinning, durch den Forst in Richtung Ebersberg, geradeaus über den großen Kreisverkehr am Ortsanfang, nach circa 400 Metern rechts, ausgeschildert | **Tipp** Seit der Sonnwendfeier 2016 leuchtet der Aussichtsturm mittels acht farbigen LED-Leuchten in den Nächten von Sonn- und Feiertagen sowie zu besonderen Anlässen.

13 Das Grabkreuzmuseum
Teuflischer Trick

Im Mittelalter, als die Friedhöfe an der Kirche lagen, wie noch heute in manch einer bayerischen Landgemeinde, zählte anfangs nur eines: auf dem geweihten, umfriedeten Gottesacker bestattet zu werden. Hauptsache, man war drin, die Lage spielte keine Rolle. Wie der Mensch aber so ist, er will halt immer ein bisschen gleicher sein als die anderen, und so kam der Brauch auf, das Grab seiner Lieben nochmals extra mit Weihwasser zu besprühen, sozusagen mit einer Extraladung Heiligkeit aufzuladen. Da war es praktisch, gleich den Weihwasserkessel zur Hand zu haben, und den hing man der Einfachheit halber ans Grabkreuz. Noch ist an fast allen Grabkreuzen Bayerns der Haken vorhanden, an kaum einem aber der Kessel.

Im Grabkreuzmuseum in Ebersberg führt der Inhaber Manfred Bergmeister kundig und sehr unterhaltsam durch die Sammlung. Dicht an dicht stehen hier Hunderte Kreuze, einst waren es 2.000 Exemplare. Wie er erklärt, waren sie alle leuchtend bunt angemalt, wie eine Blumenwiese. Denn so stellte man sich im späten Mittelalter und in der frühen Neuzeit das Paradies vor, in das einzugehen nach einem harten Leben die Erlösung vom Irdendasein war. Manche der Kreuze haben eine Art Dach – es symbolisierte den Weg der Sonne vom Auf- bis zum Untergang; an einigen sind auch goldene Strahlen angebracht. Das Türchen an manchen Kreuzen zeugt von katholischem Pragmatismus: Hier konnte sich die Seele des Verstorbenen in den 40 Tagen, bevor sie in den Himmel aufstieg, vor dem Teufel verstecken. Bei vielen Grabkreuzen ging sie dann durch ein Kreuz im Seelenkammerl zur Hintertür desselben hinaus, vorne saß der Teufel und wartete und wartete. Wartete er hinten, war die Seele schon durchs Kreuz gegangen.

Die Grabkreuze sind geschmiedete Meisterwerke, die auf engstem Raum biblische Geschichten in Symbolen erzählen. Adolf Hitler war so viel christliche Symbolik und so viel »Vergeudung« zuwider – er ließ sie verbieten.

Adresse Grabkreuzmuseum M. Bergmeister, August-Birkmaier-Weg 4, 85560 Ebersberg | **ÖPNV** S 4, Haltestelle Ebersberg, 5 Minuten Fußweg, ausgeschildert | **Anfahrt** A 99, Ausfahrt Haar/Vaterstetten, B 304, in Ebersberg Richtung Grafing, nach der Eisenbahnunterführung beim Firmenschild »Kunstschmiede Bergmeister« 2. links | **Öffnungszeiten** nach Vereinbarung | **Tipp** Durch das Tor des neuen Friedhofs in Ebersberg blickt man direkt auf den Watzmann.

14 Das Museum Wald und Umwelt

In der Holzbibliothek

In diesem sehr informativen Museum ist das erstaunlichste Exponat sicherlich die Holzbibliothek. Rücken an Rücken stehen hier die Folianten. Beim Öffnen entpuppen sie sich als Holzkästchen mit einem Herbarium im Inneren. Es gab ganze Bibliotheken dieser Bücher, jeder einzelne Band war aus einer anderen Baumart hergestellt.

Die Holzbücher wurden nur in den Jahrzehnten um 1800 geschaffen, in der Zeit der Agraraufklärung, als das Botanisieren und Sammeln von Naturalien aller Art gerade modern geworden war. Es war die Zeit der Physiktheologie, der Verbindung zwischen Glauben und Gott. Die Schönheit und Ordnung der Schöpfung sah man als eine zweite Offenbarung an. Neben dem Buch der Bücher, der Bibel, galt es, auch das Buch der Natur als Offenbarung Gottes zu lesen. Und so schuf in Ebersberg ein Mönch namens Candid Huber diese Holzbibliothek. Abnehmer der Werke waren unter anderem Friedrich von Preußen und Kaiser Franz I. von Österreich.

Für die Beisetzung des gelehrten Mönches hatte man vergessen, einen Sarg zu bestellen, was sein Freund Franz von P. Schrank mit folgenden Worten kommentierte: »Es war, als hätten sich die Bäume des Waldes geweigert, für den, der für sie lebte und schrieb, die nötigen Bretter zu liefern.«

Man erfährt hier auch einiges über den Beginn der Forstwirtschaft. Über Jahrtausende haben die Menschen nördlich der Alpen geglaubt, Wald und Holz stünden in beliebiger Menge zur Verfügung. Die Natur lasse schon von allein heranwachsen, was man so braucht. Dachte man. »Fast allenthalben die entblößten Gebirge und kahlen Wälder jedermann ihre Armut an Holze zeigen und ihre Einwohner bei dem Schöpfer verklagen, wie übel sie hausgehalten«, so beschrieb Zedlers Universallexikon 1747 die Situation. Wie immer in Krisenzeiten entstand nun etwas Neues: die Forstwissenschaft.

Adresse Ludwigshöhe 2, 85560 Ebersberg | **ÖPNV** S 4, Haltestelle Ebersberg, ab der Fußgängerampel ausgeschildert | **Anfahrt** A 94 (München–Passau), Ausfahrt Forstinning, durch den Forst in Richtung Ebersberg, geradeaus über den großen Kreisverkehr am Ortsanfang, nach circa 400 Metern rechts, ausgeschildert | **Öffnungszeiten** 15. März – 14. Nov. Sa, So, Feiertage 11 – 18 Uhr, 15. Nov. – 14. März So, Feiertage 12 – 17 Uhr | **Tipp** Das Café-Bistro Zimtblüte im Klosterbauhof ist eine äußerst empfehlenswerte, lässige Gastroadresse.

EICHENAU

15 Das Pfefferminzmuseum
Opiumanbau und Falschminzer

Das muss man sich mal vorstellen: Eichenau, ein Ort im Westen von München, war einmal in ganz Europa als Anbaugebiet hochwertigster pharmazeutischer Mitcham-Pfefferminze bekannt. Sie wurde als sehr frühe Sorte bereits um 1750 in England kultiviert und eignet sich sehr gut zum Trocknen.

Die Heilpflanze gedieh prächtig auf dem Eichenauer Moorboden, nach und nach pflanzten viele Bürger Pfefferminze an. 1939 wurde sie von einem Dutzend berufsmäßiger und rund 50 Nebenerwerbs-Anbauern kultiviert! Als 1956 der Drogen- und Gewürzmarkt für Importe geöffnet wurde, konnten die Eichenauer dem Preisdruck der Billigprodukte von außen nicht mehr standhalten. Heute wird die Pfefferminze nur noch speziell für das Museum angepflanzt. Das Ergebnis der ehrenamtlichen Mühen: original Eichenauer Pfefferminztee.

Nun muss Pfefferminz aber als Wechselfrucht angebaut werden. Unter anderem wurde Chinarhabarber hierfür genutzt, der dem normalen Rhabarber sehr ähnelt. Allerdings sind nur seine Wurzeln genießbar. Viele Eichenauer klauten, in der Annahme, es handle sich um Rhabarber, Pflanzen von Nachbars Feld. Dass die nun folgende, vier Jahre währende Durchfallepidemie in Eichenau eine Folge dieses ständigen Mundraubs war, ahnte niemand. Bis ein Patient dem Eichenauer Arzt erzählte, er habe wie viele andere Rhabarber vom Pfaffinger-Feld geklaut und verzehrt. Endlich war die Ursache der Epidemie gefunden. Ein andermal war es Opium, das da angebaut wurde. Das steht im Museum nur ganz klein rechts unten auf einem Schild. Ein Schuft, der Schlechtes dabei denkt, wurde Opium doch seinerzeit nebst Morphin und Kokain zur Behandlung starker Schmerzen eingesetzt.

Zur Begrüßung wird dem Besucher eine Tasse Tee aus Eichenauer Minze kredenzt. Merke: Wer Pfefferminztee nachmacht oder verfälscht oder nachgemachten oder verfälschten Pfefferminztee in Umlauf bringt, ist ein Falschminzer.

Adresse Parkstraße 43, 82223 Eichenau | **ÖPNV** S 4, Haltestelle Eichenau, weiter mit Bus 841, Haltestelle Friedenskirche | **Anfahrt** Dreieck München-Süd-West, Ausfahrt Germering-Nord, bei Germering links St 2544, B 2, Ausfahrt Eichenau, links Parkstraße | **Öffnungszeiten** So 14–16 Uhr | **Tipp** Ein circa zwei Kilometer langer, schattiger Fußweg führt zur Kapelle St. Georg, Roggenstein. Sehenswert sind der alte Fußboden, die gotisch bemalte Fichtenholzdecke und die Wandmalereien aus der ersten Hälfte des 15. Jahrhunderts (geöffnet Mai–Okt. an jedem 1. So im Monat 15–17 Uhr).

16 — Der Maibaum
Direkte Antenne zum Himmel

Vor ein paar Jahren war die bayerische Maibaumwelt noch in Ordnung, denn da stand der allerhöchste im versteckt gelegenen Eicherloh. Und das ist eine Idylle, wie sie bayerischer nicht sein könnte, mit Traktor, Lüftlmalerei, Biergarten und einer Kirche. Die Burschen aus dem 474-Seelen-Dorf hatten einst den allergrößten Maibaum der Welt aufgestellt: 57,08 Meter lang und circa 14 Tonnen schwer war der 130 Jahre alte Prachtbaum aus dem Spessart und fand Eingang in das Guinnessbuch der Rekorde. »Die heutige Jugend will immer mehr«, war seinerzeit die Begründung für das himmelstürmende Tun. Ja, die Jugend, so ist sie halt.

Und sie hatte recht, die Jugend, denn heute haben die Preußen den allergrößten Maibaum der Welt. Die PREUSSEN! Er misst stolze 61 Meter, blickt auf ein 138 Jahre langes Leben zurück und wurde im Schwarzwälder Gebiet »Klein-Amerika« gefällt. Dann wurde er im bayerischen Pfaffenhofen zum größten Maibaum Deutschlands hergerichtet und am 12. Mai 2018 beim Hotel »Butjadinger Tor« in Nordenham aufgestellt.

Die Ursprünge der Tradition des Maibaums sind umstritten. Sie soll auf die Kelten oder Germanen zurückgehen. Die Nationalsozialisten assoziierten den Maibaum gar mit dem deutschen Lebensbaum und behängten ihn mit Hakenkreuzfahnen. Dabei wurden Maibäume in Bayern erst ab dem frühen 18. Jahrhundert zunehmend beliebt. Eine der frühesten Darstellungen sieht man auf einem Ortsplan von Emmering bei Fürstenfeldbruck aus dem Jahr 1707. Die Obrigkeit versuchte seinerzeit, das Maibaumaufstellen als »unflätig, unchristlich Ding« zu verunglimpfen. Auch Kurfürst Karl Theodor hatte ihn 1756 verboten – allerdings um die eh schon dezimierten Wälder zu schützen. Einen neuen Boom erlebte der Baum im frühen 19. Jahrhundert, und heute ist er in so gut wie jedem bayerischen Dorf zu finden. Aber keiner ragt so steil in den weiß-blauen Himmel wie der von Eicherloh.

Adresse Torfstraße 10, 85464 Finsing-Eicherloh | **Anfahrt** A 99, Ausfahrt Kirchheim/Aschheim | **Öffnungszeiten** rund um die Uhr zugänglich | **Tipp** Einen klassischen Biergarten mit bester Küche hat das Hotel Faltermayer, vor dem der Maibaum steht.

17 Die Stadtapotheke
Die unglücklichen Opfer der Chemie

Was für eine Wunderkammer schon von außen! Ein ockergelbes, markantes Gebäude im Stil der Neorenaissance, eine Sonnenuhr über der Tür, betagte Wetteruhren und ein Schaukasten zu alten Wetterregeln. Dazu eine eindrucksvolle Eingangstür mit Mörser, Waage, Äskulapstab und Skarabäus. Und als Krönung eine Gedenktafel für einen Lehrling, der hier einst gearbeitet hat und später ein ganz großer Maler werden sollte: Carl Spitzweg, der in der Pharmazie nicht nur lernte, wie man Medikamente mischt, sondern auch Farben.»Der liebenswürdige Spitzweg«, so nannten ihn seine Malerfreunde Eduard von Grützner, Eduard Schleich und Moritz von Schwind. Auf der kupfernen Gedenktafel ist eine Zeichnung von Spitzweg eingraviert.»Die unglücklichen Opfer der Chemie« zeigt, wie einer von zwei Laboranten, halb auf dem Boden liegend, einen Destillierkolben festhält und ausruft:»Ich ersticke!« Die Sätze hat Spitzweg auf die Skizze neben die Figuren hingekritzelt. Das Original war übrigens 1817 bei einer Versteigerung aufgetaucht und ist seitdem verschollen.

Spitzweg hat 1825 hier in der Stadtapotheke in Erding als Apothekerlehrling gearbeitet. Seine Arbeitsgeräte sind noch erhalten und zu sehen. Die Apotheke selbst ist eine liebenswürdige Alchemistenkammer mit Alchemistenzeichen an den Wänden. Am Eingang befindet sich ein geheimnisvolles gusseisernes Sator-Quadrat, außerdem eine ausgestopfte Schildkröte, ein orientalisches Amulett, alte Mörser, Kolben und eine komplette Sammlung der verschiedenen Varianten des Erdinger Stadtwappens über die Jahre hinweg. Man kommt aus dem Schauen nicht heraus in dieser Wunderkammer.

Ein ausgefallenes Mitbringsel: der selbst gebraute »Erdinger Moosgeist« in einer pharmazeutischen Flasche – wie passend, Schnaps ist schließlich Medizin. Wie heißt es doch im Schaukasten vor der Tür: »Arzneien sind göttliche Hände«.

Adresse Lange Zeile 4, 85435 Erding | **ÖPNV** S 2, Haltestelle Erding | **Anfahrt** B 388 Richtung Erding, Ausfahrt Erding, durch Moosinning, in Erding am Kreisel die 2. Ausfahrt nehmen, Münchener Straße, links in Friedrich-Fischer-Straße, links abbiegen in Lange Zeile | **Öffnungszeiten** Mo – Mi, Fr 8 – 18.30 Uhr, Do 8 – 19 Uhr, Sa 8 – 13.30 Uhr | **Tipp** Durch Erding führt der rund 2.750 Kilometer lange Martinusweg, die Via Sancti Martini. Im Spirituosengeschäft Fassl kann man sich exotische Getränke abfüllen lassen.

18 Die Turmschieber
D' ardinga Turmschiaba

Endlich wurde die berühmteste Erdinger Sage mit einem eigenen Denkmal gewürdigt. Es geht um folgende Geschichte: Im 15. Jahrhundert waren die Erdinger sehr reich und konnten sich deshalb eine schöne, große Kirche leisten. Für den Kirchturm jedoch reichte das Geld nicht mehr. Daraufhin bot ein cleverer Handwerker aus dem benachbarten Moosburg den Erdingern an, einfach ihren Stadtturm an die Kirche ranzuschieben. Die Erdinger fanden die Idee gut, wollten sie aber selbst umsetzen, um sich so das Geld für den Handwerker zu sparen.

Starke Männer wurden zusammengerufen und noch stärkere Ochsen eingespannt. Die Mannsleute schoben den Turm, die Ochsen zogen ihn. Doch konnten sie hinter dem Turm nicht erkennen, wie weit sie schon vorangekommen waren. Bei einer Brotzeit sammelten sie neue Kraft und hatten eine Idee: Der Mantel des Bürgermeisters sollte als Längenmaß herhalten. Das Stadtoberhaupt zog also kurzerhand seinen prächtigen Umhang aus und legte ihn vor den Turm. Die Erdinger schoben wieder, hielten an, um ihren Fortschritt zu überprüfen, und siehe da – der Mantel war verschwunden! Sie mussten den Turm also über den Mantel geschoben haben – so glaubten sie. Um ihre weiteren Fortschritte zu beobachten, legten sie den Mantel eines einfachen Erdinger Bürgers vor den Turm. Wieder schoben alle, doch der Mantel lag noch immer da. Nun dachten die Erdinger, der Turm befände, es sei unter seiner Würde, über den Mantel eines einfachen Mannes geschoben zu werden. Aber über einen weiteren feinen Mantel wollte sich der Turm anschließend auch nicht schieben lassen.

Wenig später traf ein Brief ein, die Erdinger möchten doch ihren Mantel im Moosburger Rathaus abholen. Der einst um seinen gerechten Lohn gebrachte Handwerksbursche hatte den Mantel des Bürgermeisters unbemerkt entwendet und heimlich nach Moosburg gebracht. Die Moosburger lachen noch heute über die Erdinger …

Adresse die Skulptur von Harry Seeholzer steht an der Zufahrt zur Innenstadt in der Münchener Straße, 85435 Erding | **ÖPNV** S 2, Endhaltestelle Erding | **Anfahrt** B 388, Ausfahrt Erding, durch Moosinning, in Erding am Kreisel in Münchener Straße, vor der Brücke | **Öffnungszeiten** Skulptur immer zugänglich; Turmführung jeden 3. So im Monat um 15.30 Uhr | **Tipp** Durch die Altstadt führt der »goldene Faden«: 41 Bronzeplatten im Boden stehen für 41 Sehenswürdigkeiten. Den besten Cappuccino gibt es in der Bar Kennedy. Eine Gedenktafel direkt am Rathaus erinnert an einen Erdinger Landrichter, den »Schalk in der Richterrobe«.

19 Der Besucherpark
Einmal um die ganze Welt

Schon auf dem Weg von der S-Bahn-Station »Besucherpark« geht man am ersten Flugzeug vorbei, das allerdings erst auf den zweiten Blick als solches erkennbar ist: Die Skulptur von Alf Lechner hebt ihre Nase gleich einem Flugzeug in den Himmel und breitet ihre Flügel aus. Mit einer Länge von 36 Metern, einer Höhe von neun Metern und einem Gewicht von 220 Tonnen ist sie in etwa so lang wie ein Airbus A320.

Selbstverständlich war es nicht immer so, dass man vom Flughafen München aus mal eben ganz einfach in alle Erdteile fliegen konnte. Der Flug von Charles Lindbergh über den Atlantik anno 1927 erregte noch großes Aufsehen. Zehn Jahre später, 1937, gelang es der Besatzung eines Verkehrsflugzeugs erstmals, das »Dach der Welt« zu überfliegen. Flugkapitän und Lufthansa-Vorstandsmitglied Carl Freiherr von Gablenz, Flugkapitän Robert Untucht und Oberfunkermaschinist Karl Kirchhoff starteten mit der legendären Ju 52, Kennzeichen D-ANOY, Name »Rudolf von Thüna«, in Kabul. Sie überquerten in den Wolken den 5.300 Meter hohen Wakhan und schafften es so, über Hindukusch und Pamir hinweg, einen neuen Verkehrsweg nach Fernost zu erschließen. Neben der Ju 52 stehen hier auch eine Lockheed L-1049G Super Constellation und eine DC-3. Nur für Nervenstarke geeignet ist der Flugsimulator, in dem man drei Minuten lang einen Hubschrauberflug oder einen Formationsflug erleben kann.

Warum denn in die Ferne fliegen, wenn die Kontinente alle auf einen Streich zu erkunden sind? Der Erlebnisspielplatz im Besucherpark wurde in fünf unterschiedliche Bereiche gegliedert und nach den Erdteilen Europa, Asien, Afrika sowie Nord- und Südamerika gestaltet. Jeder Bereich steht für einen der Kontinente, die vom Flughafen München angeflogen werden. So kann man beispielsweise in Europa den »Pilotenschein« machen und in Asien filigrane Kunstwerke basteln. Oder ein Klettergerüst in Form einer Kamelkarawane besteigen.

Adresse Nordallee 25, 85356 Freising | **ÖPNV** S 1, 8, Haltestelle Flughafen Besucherpark, von da knapp 10 Gehminuten | **Anfahrt** A 9 Richtung Nürnberg, ausgeschildert | **Öffnungszeiten** 9.30–18 Uhr | **Tipp** Samstags, Sonn- und feiertags und in den bayerischen Ferien werden um elf Uhr ab dem Besucherzentrum Flughafenführungen angeboten. An jedem ersten Freitag im Monat kann man die Flughafen-Feuerwehr besichtigen.

ERDINGER MOOS

20 Die Kunst im Flughafen
Und wieder guckt keiner

München hat ein exzellentes Museum für moderne Kunst bekommen – und keiner guckt hin. Alle gehen daran vorbei, um sich in einer Schlange mit ihrem Koffer aufzustellen und in die Ferne zu fliegen. Schade, denn was sich im Flughafen München an moderner Kunst befindet, ist sehr sehenswert. Es fängt schon bei den Rolltreppen im Terminal 1 an, wo ein golden leuchtender Kini breitbeinig dasitzt, eher Elvis Presley als König Ludwig II., und ein Flugzeug in der Hand hält. Ludwig II. hatte den Traum vom Fliegen geträumt und wurde deswegen seinerzeit für verrückt erklärt. Im Abflugbereich rauscht das Wasser über die aus unzähligen Mosaiksteinen zusammengesetzten »Alpen« von Stefan Huber. Laptop und Lederhose beziehungsweise Computertechnik und Handwerkstradition soll das Werk verbinden.

Geht man dann hinüber ins Terminal 2, sitzt dort vor dem Ausgang das »Urgestein« von Lothar Seruset. Obwohl realistische Büsten eher ins 19. Jahrhundert gehören, ist dem Künstler hier doch eine Neuform der Büste gelungen: 100 Granitplatten wurden Schicht um Schicht aufgebaut, und jeder weiß sogleich, wer ihn da anblickt: Franz Josef Strauß persönlich. Der bekam zu seinem 100. Geburtstag ein zweites Denkmal: im Innenhof zwischen Terminal 1 und Terminal 2. An der acht Meter hohen Säule »Fliegen« prangt ein Porträt des Jubilars in spielerischer Haltung in einem Flugzeugcockpit. Strauß sagte von sich: »Ich bin kein ausgeklügeltes Buch, ich bin ein Mensch in seinem Widerspruch.« Oben auf der Säule steht ein Mensch auf einer Weltkugel – erdverbunden und gleichzeitig in Gedanken fliegend.

Dann im Terminal 2: »Betasith« von Gabriela von Habsburg. »Genau wie in der Musik die Atempause den Ausdruck verstärkt, so wirkt die Skulptur durch die gezielt geschaffenen Leerräume«, so die Künstlerin. Oben im ersten Stock rechts dann eine Galerie mit wechselnden Ausstellungen. Sie ist offen für alle.

Adresse Nordallee 25, 85356 München | **ÖPNV** S 1, 8, Haltestelle Flughafen | **Öffnungszeiten** durchgehend | **Tipp** Nur für Fluggäste zu besichtigen ist die Lounge des Deutschen Museums im Satelliten des Terminals 2. Thema dort ist die Luft- und Raumfahrt: virtuell mit dem »Lunar Rover« der Apollo-17-Mission über die Mondoberfläche fahren – oder mit dem Gleiter von Otto Lilienthal vom Berliner »Fliegeberg« in die Tiefe schweben.

21 Der meditative Wanderweg
In sich gehen im Finstertunnel

Einmal die Welt ausblenden, Rast machen und herausfinden, welche Herzenswünsche im Alltag unerfüllt bleiben – hört sich das nicht gut an? Also auf zum meditativen Wanderweg. Wohl kaum eine Gegend wäre besser geeignet für solch einen Weg als das Dachauer Land mit seinem tief liegenden Himmel mit den weißen Wattewolken.

Der neun Kilometer lange Weg (drei mal drei – *die* göttliche Zahl) beginnt an der Basilika am Petersberg, seit 900 Jahren ein besonderer Kraftort. Sie ist aber auch ein kunstgeschichtliches Denkmal: Lange war sie in Vergessenheit geraten und deshalb niemals aufwendig barockisiert worden. Schließlich war sie so baufällig, dass sie beinahe abgerissen worden wäre. Beinahe! Heute handelt es sich um einen der ältesten Sakralbauten Altbayerns und eine der wenigen Kirchen, die in ihrer romanischen Architektur nahezu unverfälscht erhalten sind.

Der Weg führt vorbei an 14 Stationen bis nach St. Alto und St. Birgitta. An einer dieser Stationen wird ein Modell des Sonnensystems im Maßstab eins zu einer Milliarde gezeigt, eine andere widmet sich dem Thema Komponieren im Hier und Jetzt. Eine Windrose soll helfen herauszufinden, wo es hingeht im Leben. An der Station »Gleichgewicht« ist eine Wippe installiert, an der der Wanderer versuchen kann, die Balance zu halten. Unter der Krone der heiligen Birgitta geht es um das Thema Rückblick und Ausblick im Leben, am Kalvariengraben um das Rasten und am Ende im Finstertunnel ums Ganz-in-sich-Gehen. Infotafeln an den S-Bahnhöfen, am Petersberg und in Altomünster sowie eine durchgehende Beschilderung am Weg selbst leiten den Wanderer.

Eine der letzten Stationen ist der Kalvarienberg. Die Kalvarienkapelle aus dem späten 17. Jahrhundert ist vom Brigittenorden errichtet worden. Die »Heilige Stiege«, die hinauf zur Kapelle führt, durfte früher von den Pilgern nicht begangen werden. Sie mussten vielmehr kniend und betend die Stufen bewältigen.

Adresse Rathausplatz 1, 85253 Erdweg | **ÖPNV** S 2, Haltestellen Erdweg, Kleinberghofen oder Altomünster | **Anfahrt** B 304, am großen Verteiler bei Dachau Richtung Oberaugustenfeld / Dachau, in Dachau Erdweg beschildert, Parkplatz Unterer Petersberg | **Tipp** Neben der Basilika am Petersberg beginnt ein Skulpturenweg, der die Stationen menschlichen Lebens wie Wandel oder Neubeginn zeigt. Der 1561 erstmals urkundlich erwähnte Brauereigasthof Kapplerbräu in Altomünster beherbergt ein kleines Brauereimuseum.

FASANGARTEN

22 Mariä Verkündigung
Ich sehe dich!

Die Basis für dieses Bauwerk wurde im Zweiten Weltkrieg gelegt, als Johann Christian Kunst, ein Banater Schwabe aus dem Westen Rumäniens, 1944 als deutscher Soldat in Österreich in die Hände der Roten Armee geriet und in sibirische Gefangenschaft verschleppt wurde. Von dort verhalfen ihm zwei rumänische Offiziere zur Flucht. Johann Kunst ließ sich später in München nieder und heiratete eine rumänische Kinderärztin. Da sie kinderlos blieben, beschlossen sie, ihr Geld für eine rumänisch-orthodoxe Kirche zu spenden.

Mit diesem Gotteshaus wurde für viele Menschen, die einst vor der Diktatur von Nicolae Ceaușescu aus Rumänien geflohen waren, ein Stück Heimat geschaffen. Wie zu Hause im Norden Rumäniens, in der Region Maramureș, für die diese spitzen Wehrtürme charakteristisch sind.

Die Kirche wurde in der Maramureș geschnitzt, dann nach München gebracht und hier ohne eine einzige Schraube, nur mit Nut und Feder, zusammengesetzt. Gerüst und Fundament der Kirche sind aus 300 Jahre altem Eichenholz, ein Symbol für Standhaftigkeit. Die Wände wurden aus Tannenholz gefertigt, das für stetiges Wachstum steht, und die Innenausstattung besteht aus Lindenholz – Symbol für Gerechtigkeit, Liebe, Frieden und Heimat.

In die Außenwand ist mehrmals der Samen des Lebens, die Urform der Blume des Lebens eingeschnitzt – ein uraltes Symbol für Gottes Bauplan des Lebens, und das Universum an sich. Aus dem Kirchendach blickt ein blaues Auge – das Auge Gottes und Abwehr gegen neidische Menschen. Im Buch der Sprüche 23.6 steht: »Iss nicht Brot bei einem Neidischen und wünsche dir von seinen feinen Speisen nichts.« Die nämlich gibt es nach der Messe im Gemeindezentrum nebenan, dem ehemaligen Bahnhofsgebäude. Die goldene Büste im Garten stellt Mihai Eminescu, den bedeutendsten rumänischen Dichter des 19. Jahrhunderts, dar. Sie stand zuvor mit Graffiti beschmiert in Schwabing.

Adresse Kreuzbichlweg 4, 81549 München-Fasangarten | **ÖPNV** S 3, Haltestelle Fasangarten, in Fahrtrichtung circa 10 Gehminuten entlang dem Gleisverlauf | **Öffnungszeiten** Zeiten der Messen unter www.buna-vestire.de/programul-liturgic | **Tipp** Eine Erinnerung an die »Amis« in München ist das Kino Cincinnati, von den Amerikanern nach US-Standards mit einem breiten Mittelgang erbaut, überhaupt ist alles »big« in dem Kino. Auch ohne Donald!

23 Das Eicher-Museum
Ein indischer Traktor

1936 fuhr der erste Eicher-Dieseltraktor durch das Werkstatttor in Forstern, der Grundstein für ein kleines Wirtschaftswunder: Bis zum Zweiten Weltkrieg lief alles gut für die Eichers, dann wurden keine Traktoren mehr, sondern Waffen gebraucht.

Nach dem Ende des Krieges ging es schlagartig wieder bergauf. Aus dem Familienunternehmen wurde in kürzester Zeit ein industrieller Betrieb, der 1969 rund 2.000 Mitarbeiter beschäftigte. Die robusten und sparsamen Eicher-Traktoren wurden nach ganz Europa und sogar nach Südamerika, in den Orient und nach Indien exportiert. Hauptabnehmer wurde später Indien – im Museum steht einer dieser liebenswerten indischen Traktoren mit rotem Sonnendach.

Für Eicher war 1972 Schluss, in der Landwirtschaft wurden nun die richtig großen Maschinen gebraucht. Heute lebt der Name Eicher als angesehene Marke und florierendes Unternehmen in Indien weiter. Dort werden nach wie vor Traktoren, Lkw und Motorräder produziert, und auch die Kontakte dorthin bestehen bis heute. So fuhr jüngst Egon, der Sohn des Firmengründers, mit einem Eicher-Traktor nach Indien, der Gipfel des Himalaya war sein Ziel. Eicher ist ein liebenswertes Denkmal, eine Erinnerung an Zeiten, als Firmen noch so eine Art Familie waren. Eine ehemalige Mitarbeiterin hat ein kleines Fotoalbum über ihre wunderbare Zeit bei Eicher zusammengestellt. Auf einem Podest in der Ecke der schwere eichene Chefschreibtisch von Josef Eicher senior, dem Firmengründer. Darauf eine lederne Schreibmappe, ein Briefständer und ein Brieföffner sowie ein Tintenabroller. Ein kleines Museum der Schreibtischkultur im Museum der Traktoren!

Seinerzeit hat Eicher in Forstern auch einen großen Beitrag zum kulturellen Leben der Gemeinde geleistet. Es gab sogar ein weit über Forstern hinaus bekanntes Werksorchester und den Eicher Werkschor.

Adresse Eicherfreunde Forstern e. V., Hauptstraße 2, 85659 Forstern | **ÖPNV** ab S-Bahn-Haltestelle Markt Schwaben Bus 446, Haltestelle Eicher | **Anfahrt** A 94, Ausfahrt B 12 Passau | **Öffnungszeiten** Mai–Okt. Fr 14–18 Uhr, ganzjährig Sa, So 10–18 Uhr | **Tipp** Das Puma-Frühstück, Tiger-Frühstück, Mammut-Frühstück und Wotan-Frühstück im Museums-Café. Circa 800 Meter entfernt steht in Wetting Deutschlands drittschönster Bauernhof, ebenfalls im Besitz der Eicher-Familie!

FORSTINNING

24 Die Wirtschaft Hofkücherl

Was vom Continental übrig blieb

Der Münchner Osten ist ja nun nicht gerade als malerisches Stück Oberbayern bekannt. Und schaut man die Sonnengasse in Forstinning rauf und runter, ist er das tatsächlich nicht. Aber dann, ein Stück zurückgesetzt, in der Sonnengasse 14a, die Überraschung: das malerischste aller Bauernhäuser, wie aus einem Tourismusprospekt. Wie kommt das dahin? Des Rätsels Lösung: Es besteht aus ehemals zwei Bauernhöfen aus dem niederbayerischen Kuglenz. Stück für Stück wurden die Häuser im Jahr 1995 auseinandergenommen, die Einzelteile nummeriert und in Forstinning in einem ehemaligen Obstgarten wiederaufgebaut. Nicht mehr brauchbare Teile wurden durch authentisches, altes Baumaterial ersetzt. Das Haus beherbergt heute eine Wirtschaft und sucht weit und breit seinesgleichen.

Das Herzstück des Hofkücherl ist der antike Kamin, der früher im legendären Münchener Conti-Hotel Adlige und prominente Gäste wärmte. Der Aus- und Wiedereinbau dieses mehrere Jahrhunderte alten Steingiganten ist eine Geschichte für sich. Unter anderem musste das ganze Hotel abgestützt werden, als er hinaustransportiert wurde. Beachtenswert sind aber auch die alten Bodenplatten, die Stickereien sowie unzählige weitere Kleinigkeiten, die der Inhaber aus dem ganzen Landkreis zusammengetragen hat.

Die Küche hier ist bayerisch-bodenständig, aber verfeinert und sehr, sehr gut, liegt allerdings im höheren preislichen Segment. Sündig gut auch der Kaiserschmarrn, der hier serviert wird.

Hinter dem Hofkücherl befindet sich der Balkon-Biergarten mit Blick auf die umgebenden Felder und Wäldchen. Nebenbei bemerkt: Im Hofkücherl ist die Wahrscheinlichkeit, einen Prominenten zu treffen, recht hoch. In der Hofalm schräg gegenüber, dem urigen Veranstaltungsraum des Hofkücherl, soll angeblich seinerzeit auch ein Prominenter gewesen sein: Kaiser Napoleon höchstpersönlich.

Adresse Sonnengasse 14a, 85661 Forstinning | **ÖPNV** S 2, Haltestelle Markt Schwaben, Bus 469, Haltestelle Rathaus | **Anfahrt** A 94 Passau, Ausfahrt Forstinning, rechts Richtung Moosstraße, links auf Moosstraße, rechts abbiegen auf Münchener Straße, links Sonnengasse | **Öffnungszeiten** Mi, Do 17–23 Uhr, Fr, Sa 17–1 Uhr, So 12–22 Uhr | **Tipp** Ein bisschen vintage, ein bisschen stylish ist das Café Zeitschmiede im Ort, dort gibt es auch Lesungen und Konzerte.

FREISING

25 Das fehlende Oktogon
Nur ein Denkmal der Hygiene

Hier ist etwas abgebildet, was es bald nicht mehr gibt. Und eben durch sein Nicht-mehr-Dasein viel aussagt über die Menschen und ihren Umgang mit der Vergangenheit.

Auf dem altehrwürdigen Freisinger Domberg stehen große Veränderungen bevor. Als Erstes von mehreren Bauprojekten soll das Diözesanmuseum saniert werden. 2015 wurde nach einem Architektenwettbewerb der Siegerentwurf präsentiert. Durch die entsprechende Umgestaltung soll das Gebäude aus dem Jahr 1870 offener und einladender wirken. Damit einher geht leider der Abriss des Oktogons – ein achteckiger Turm an der zur Altstadt gewandten Seite des Ensembles. Der markante Turm wurde 1876 nachträglich an das damalige erzbischöfliche Knabenseminar angebaut. Er beherbergte den Abort. Aber er bot auch, weniger bekannt, Kardinal und Erzbischof Michael von Faulhaber einst Schutz vor den Revolutionären. Laut Landratsamt für Denkmalspflege ist so ein Achteck nicht erhaltenswert, weil es »nur den klaren Baukörper des Museums verunkläre« und überdies lediglich für die »Geschichte der Hygiene« von Bedeutung sei. Und nicht architektonisch.

Nur mal so nebenbei: Noch zu Beginn des 20. Jahrhunderts betrug die durchschnittliche Lebenserwartung 45 Jahre, heute an die 80 Jahre. Von den 35 gewonnenen Lebensjahren werden nur circa fünf auf die Erfolge der heilenden Medizin, 30 jedoch auf die Erfolge von Hygiene und öffentlicher Gesundheit zurückgeführt.

Fragt man in Freising herum, so stößt man oft auf Unverständnis, auch von historisch durchaus versierten Bürgern. »Da will einer seine Duftmarke setzen«, meint mancher über den Wiener Architekten.

Wie auch immer. Es ist spannend, zu sehen, was war, und zuzuschauen, was wird. Und anschließend zu sagen: Ja, die Entscheidung war gut, das Oktogon abzureißen. Oder zu sagen: Nein, sie war es nicht.

Adresse Domberg 21, 85354 Freising | **ÖPNV** S 1, 8, Haltestelle Freising (bei Neufahrn aufpassen, nicht im Zug zum Flughafen zu sitzen), circa 15 Gehminuten | **Anfahrt** A 92, Ausfahrt Freising zum Domberg | **Tipp** Beim Weißbräu-Huber in der General-von-Nagel-Straße 5 nordwestlich vom Dom hängt unter anderem König Ludwig II. als Schießscheibe an der Wand, neben vielen anderen. Urig, griabig (gemütlich), gut. Nicht nur der Tafelspitz. Hingehen! Lokal des Jahres 2018 in Oberbayern!

26 Das Museum Altes Gefängnis
Zauberbubenprozesse und Hexenturm

Jahrzehntelang stand das alte Gefängnis unterhalb des Domberges leer, und die Folterinstrumente verstaubten in den Räumen. Bis es abgerissen werden sollte. Ein Zahnarzt und seine Mitstreiter aber kämpften für den Erhalt und die Restaurierung des Gebäudes, dessen grausige Geschichte einen dunklen Schatten auf den Klerus oberhalb des Gefängnisses wirft. Als in der säkularen Welt außerhalb des Herrschaftsbereiches von Freising die »höchstnotpeinliche Folter« schon abgeschafft oder zumindest strengen Regeln unterworfen war, spielten sich hier im Machtdunst der Kirche in den Jahren 1715 bis 1717 sowie 1721 bis 1723 grauenvolle Geschichten ab.

Waisenkinder, die von Bauersfamilien aufgenommen – oder wohl eher ausgenommen – wurden, flohen und vagabundierten in der Gegend umher. Sie drohten so manch einem Bauern, Mäuse und andere Schädlinge auf den Hof zu hexen, wenn sie nicht Kost und Logis bekämen. Einer der Jungen rief sogar in Anwesenheit eines Bauern einen leibhaftigen Teufel herbei; man vermutet heute, dass es sich bei Luzifer um einen Maulwurf handelte. Die ganze Angelegenheit kam vor Gericht, die Kinder, eines von ihnen ein Mädchen, wurden ins Gefängnis geworfen, gefoltert, anschließend enthauptet und dann verbrannt.

Die Zellen im Hexenturm, in denen die Kinder eingesperrt waren, sind noch heute erhalten. Ebenso die Folterinstrumente wie Daumenschrauben und Streckbank. Auf Wunsch darf man die Daumschraube gern ausprobieren! Auch nüchterne Zeitgenossen spüren den kalten Hauch auf den Treppen hinunter zum Schafott. Nach einer Führung durch die Räume erhält man einen Entlassungsschein. Im Gefängnis ist auch die originale Baderstube des letzten Baders von Hallbergmoos untergebracht, der bis 1977 nicht nur Haare schnitt, sondern auch Zähne zog.

Adresse Obere Domberggasse 16, 85354 Freising | **ÖPNV** S 1, 8, Haltestelle Freising (bei Neufahrn aufpassen, nicht im Zug zum Flughafen zu sitzen), Ausschilderung »Zum Domberg« folgen | **Anfahrt** B 11, Ausfahrt Freising Mitte, ausgeschildert | **Öffnungszeiten** Mai–Okt. Führungen Sa 14 und 15 Uhr; ansonsten Besuch nur nach Vereinbarung unter Tel. 08161/12843 möglich | **Tipp** Im Lehr- und Versuchsgarten von Weihenstephan werden Stauden- und Gehölzsortimente sowie Rosenneuheiten auf ihren Gebrauchswert geprüft. Sehenswert!

FREISING

27 — Die mystische Krypta
Durchkriechstein und Propagandasäule

Ein spiritueller, ein mittelalterlicher Ort ohnegleichen ist die Krypta unter dem Dom zu Freising. Eine dunkle Säulenhalle, zwischen 1159 und 1161 zur Zeit der Kreuzzüge gebaut. Drei Reihen von acht Säulen gliedern den Raum, alle sind unterschiedlich. Man geht von mehreren Steinmetzen aus, die sie geschaffen haben.

Am interessantesten ist aber die sogenannte Bestiensäule, die in ihrer Art einzigartig in Deutschland ist. Die Szenen auf der Säule werden in offiziellen Führern theologisch gedeutet. Schaut man genau hin, sieht man auf drei Seiten Männer in Ritterrüstung, die mit Bestien, welche wie Krokodile aussehen, kämpfen. Ein Ritter ersticht einen Drachen, eines der Krokodile verschlingt gerade einen Menschen – nur der Oberkörper ist noch zu sehen. Eine in mancher Literatur als schön beschriebene, aber in Wirklichkeit sehr männlich wirkende Frau mit Zöpfen wird von Bestien umdrängt. Und das soll, laut Kunstführern, das Licht aus dem Osten sein, das Licht, das Jesus Christus als Erlöser bringt?

Oder ist es nicht vielmehr so, dass hier der Kampf der Christen gegen die ungläubigen Muslime gezeigt wird? Im Mittelalter galt der Islam als die größte Bedrohung des Abendlandes, gegen die man in den Kreuzzügen erbittert ankämpfte. Antiislamische Propaganda in romanischen Kirchen war damals durchaus üblich!

An der Wand steht der Steinsarg des heiligen Nonnius, durch den man durchschlüpfen konnte. Diese Art von »Schlupfstein« oder »Lochstein« findet man in vielen Kulturen. Am wirkungsvollsten war er an einer Kirchenmauer oder einem Grabstein. Beim Durchschlüpfen galt es, Tageszeit und Mondphase zu beachten, zu schweigen oder Zaubersprüche zu murmeln. Und man sollte nackt sein. Das Durchzwängen durch einen engen Pass war mit dem Passieren des Geburtskanals vergleichbar – man wollte Übel abstreifen, wie neugeboren sein.

Die Krypta des Freisinger Doms: eine mystische Welt des Mittelalters

Adresse Domberg 27, 85354 Freising | **ÖPNV** S 1, 8, Haltestelle Freising (bei Neufahrn aufpassen, nicht im Zug zum Flughafen zu sitzen) | **Anfahrt** A 92, Ausfahrt Freising, zum Domberg | **Öffnungszeiten** täglich 8 – 18 Uhr, Nov.– März 8 – 17 Uhr, Do 14 – 18 beziehungsweise 17 Uhr geschlossen | **Tipp** Im Stadtmuseum ist ein wundersames Weißbierglas ausgestellt, das mit der Geschichte des Doms zu tun hat: 1724 wurde der Dom durch die Brüder Asam ausgemalt. Beim Gründungsfest brachte der Zimmermann ein Vivat aus und warf das leere Glas in die Tiefe. Wo es heil ankam. – Gute Kleinigkeiten und Drinks gibt es in der mexikanischen Bar El Corazon in der Klebelstraße, Currywurst in Antje's Klimperkasten.

FREISING

28 Das Quellheiligtum
Hunde, hört ihr auf zu saufen!

Ums Jahr 720 war es, da hatte Korbinian, Bischof von Freising, am heutigen Standort der Brauerei eine Kapelle eingeweiht. Diese lag oben auf der Anhöhe, und so mussten die Mönche tagaus, tagein hinunter ins Tal und das Trinkwasser aus dem Bächlein namens Mosach schöpfen und nach oben schleppen. Eines Tages wurde ihnen das zu viel, und sie gingen mal wieder zu Korbinian, um sich darob heftig zu beschweren. Der mochte sich das Gejammer nicht mehr länger anhören, rammte seinen Hirtenstab in den Hang des Weihenstephaner Berges – und siehe da, schon begann Wasser hervorzusprudeln. Das Brünnlein plätscherte zeit seines Lebens vor sich hin, bis Korbinian im Jahr 725 verstarb und seine Gebeine nach Tirol verbracht wurden – somit versiegte das Brünnlein. Erst als seine Gebeine 40 Jahre später nach Freising zurückgebracht wurden, fing das Brünnlein wieder an zu sprudeln. Jahre später trank ein Hund daraus, wieder versiegte das Brünnlein, erst Gebete brachten es erneut zum Plätschern …

Die heutige Ruine oberhalb der Quellfassung galt einst als Kleinod des bayerischen Barock. Auch wenn es sich hier um ein Werk der Gebrüder Asam handelte, so wurde das Gebäude dennoch 1803 im Zuge der Säkularisation abgerissen, lediglich die Rückwand blieb zum Schutz vor Bergrutschen erhalten.

Überliefert ist die Heilung von Kaiserin Beatrix (1140–1184), Gemahlin Friedrich I. Barbarossas, deren Aussatz durch das Brunnenwasser verschwand. Die edle Schale, die sie als Dank dem Kloster stiftete, ging während der Säkularisation verloren. Heute erlebt die Stätte eine Renaissance. Auch wenn die Quelle nicht allgemein zugänglich ist (und manch eine Spinne sie bewacht), so kann man doch an diesem beschaulichen Ort Kraft schöpfen. Und sei es nur durch den Ausblick hier oben.

90 Stufen führen von der Korbiniansquelle hinauf zu Bayerns ältestem Biergarten.

Adresse Oberer Schlangenweg, 85354 Freising | **ÖPNV** S 1, 8, Haltestelle Freising (bei Neufahrn aufpassen, nicht im Zug zum Flughafen zu sitzen), am Südhang des Weihenstephaner Berges, durch das Braugelände hindurchgehen, ein kurzer Stufenweg führt hinunter | **Anfahrt** A 92, Ausfahrt Freising, zum Domberg, Parkmöglichkeit bei der Weihenstephaner Brauerei | **Öffnungszeiten** immer zugänglich | **Tipp** In der chocolaterie & pâtisserie Andreas Muschler in der Oberen Hauptstraße 43 gibt es Kuchen, die in Wirklichkeit Kunst sind!

FREISING

29 Der Schafhof
Bei Schafsausfuhr Todesstrafe!

Das hier war nicht irgendein Schafhof. Das hier war ein königlicher Schafhof, auf dem 1819/1820 im Auftrag Seiner Majestät des Königs Max I. Joseph 500 hochwertvolle Merino-Schafe gehalten wurden, als Teil des Versuchsgutes Weihenstephan und als agrarwissenschaftliches Forschungsprojekt.

Merinoschafe wurden ursprünglich seit dem 14. Jahrhundert in Spanien gezüchtet. Sie waren wegen ihrer feinen Wolle derart wertvoll, dass ihre Ausfuhr bei Todesstrafe verboten war! Erst Ende des 18. Jahrhunderts gelangten die ersten Tiere nach Australien, Neuseeland und über den Herzog von Leuchtenberg, einen Stief- und Adoptivsohn Napoleons, auch nach Deutschland.

Die Schafzucht in Freising wurde 1888 beendet. Vom landwirtschaftlichen Anwesen sind die klassizistischen Kopfbauten mit Tennenauffahrten aus der Zeit um 1825 erhalten. Der Stallteil in der Mitte mit seinem spektakulären Bohlenlamellendach wurde nach 1990 durch einen Neubau ersetzt.

Für den Bau verantwortlich war der Agrarreformer Max Schönleitner, an den heute ein Denkmal am Schafhof erinnert. Schönleitner, eine durchsetzungsstarke, nicht einfache Persönlichkeit, hatte unter anderem den Übergang von der Dreifelderwirtschaft zur Fruchtwechselwirtschaft eingeführt.

Bis in die 1960er Jahre war der Hof bewirtschaftet, in den frühen 90ern wurde er vom Bezirk Oberbayern als landwirtschaftliches Museum zum Thema »Bayerns Landwirtschaft seit 1800« genutzt. Leider war das Interesse an der bayerischen Landwirtschaft sehr gering. 2002 schloss das Museum für immer. Am 10. Juli 2005 wurde der Schafhof als Europäisches Künstlerhaus Oberbayern wiedereröffnet. In europaschwachen Zeiten wie diesen ist der Schafhof wichtiger denn je. Denn er soll der kulturellen Begegnung auf regionaler und internationaler Ebene dienen und den europäischen Gedanken durch einen europaweiten Künstleraustausch fördern. Gern auch beim Brunch.

Adresse Am Schafhof 1, 85354 Freising | **ÖPNV** Bus 630, 631, Haltestelle Plantagenweg; Bus 620, 621, Haltestelle Wettersteinring | **Anfahrt** A 9, Ausfahrt Allershausen, rechts Münchner Straße, Freisinger Straße, St 2084, am Ende des Weltwaldes links Weihenstephaner Ring, Wettersteinring, links Plantagenweg bis Am Schafhof | **Öffnungszeiten** Schafhof: Di–Sa 13–18 Uhr, So und Feiertage 10–19 Uhr; Café: Di–So 9–19 Uhr | **Tipp** Auf dem Gelände des Forschungszentrums Weihenstephan stehen 22 moderne Kunstwerke aus Holz, Stahl und Stein. Malerisch und historisch interessant ist die Waldwirtschaft Plantage am Walderlebnispfad.

FREISING

30 — Der Weltwald
Ein Curiosum ersten Ranges

Man sollte sich Zeit nehmen für den Weltwald. Immerhin läuft man hier durch 100 Hektar Land, das botanisch alle Kontinente abbildet.

1977 entstand dieses ehrgeizige Projekt im nahe gelegenen Kranzberger Forst, eine Waldabteilung mit auffallend vielen Baumarten aus fernen Ländern. Sie ist ein Überbleibsel aus dem späten 19. Jahrhundert, als ein königlich-bayerischer Förster das Gelände ordentlich aufforstete, unter anderem auch mit exotischen Bäumen.

Am 24. Februar 1884 berichtet das »Freisinger Tagblatt«: »Besagtes Weidenvarietätenfeld ist ein Curiosum ersten Ranges; angelegt von Universitätsprofessor Dr. Gustav Hartig, einer Celebrität auf dem Gebiete der Forstwissenschaft … Man weiß, dass außer diesem mehr der Wissenschaft dienenden Feldgebiete ringsum Weidenkulturen sich ausbreiten, die volkswirtschaftlichem Interesse zu dienen bestimmt sind …« Forstleute aus aller Welt reisen an, um den Wald zu bestaunen. Wirtschaftsgebäude wurden errichtet, Unterkunfts- und Verpflegungsstätten geschaffen. Der Ertrag war aber nicht so hoch wie erhofft, und das ganze Projekt fiel allmählich in einen Dornröschenschlaf.

Aus dieser Zeit geblieben sind die Altexoten um die Oberberghauser Kirche: Douglasie, Roteiche, Nordmanntanne, Weymouths-Kiefer, Gelb-Kiefer, Amerikanischer Tulpenbaum. Von der Siedlung existieren nur noch der Brunnenschacht, das Backhaus des Mesneranwesens in Form eines Kellergewölbes sowie die Dorfkirche St. Clemens aus dem 10. Jahrhundert.

Von verschiedenen Pavillons führen vier Themenpfade durch die nach Kontinenten geordnete Pflanzenwelt. Wer nur durchgeht, braucht vielleicht 15 Minuten, wer die zahlreichen Schilder liest, 50 Minuten. Wanderkarten, farbige Wegweiser oder eine App schaffen Orientierung. Über das Gelände verteilt stehen Bänke und seit Neuestem Holzskulpturen. In den Gärten der Kontinente geht es auch um die Kultur der jeweiligen Länder. Eine Waldweltreise an einem Tag!

Adresse Kranzberger Forst, 85354 Freising | **Anfahrt** St 2084 von Freising in Richtung Allershausen, nach etwa 2,7 Kilometern links in den Kranzberger Wald | **Öffnungszeiten** ganzjährig | **Tipp** Westlich vom Weltwald zeigt das ansprechend gestaltete Bronzezeit Bayern Museum in Kranzberg Funde aus Bernstorf. Mit Exemplaren der Linear-B-Schrift und einer Kultausstattung aus ägyptischem Gold.

31 Das Equilaland
Königliche Tiere

Als Queen Elizabeth, junge Königin in dieser Zeit, einmal Deutschland besuchte, wünschte sie, auch nach Marbach zu reisen. Dort erfuhr sie alles über Friedrich von Schiller, bis ihr endlich der Kragen platzte: »Where are the horses?«, fragte sie streng. Denn sie wollte so gar nichts über Friedrich von Schiller wissen, aber alles über die Marbacher Pferde. Nur dumm, dass man sie aus Versehen ins falsche Marbach geschickt hatte. Nicht in das der edlen Pferde, sondern in das des Friedrich von Schiller.

Der Adel ist bis heute den Pferden eng verbunden. Geschöpfen, die ebenso wie der Adler und der Löwe zu den königlichen Tieren zählen. Die, bevor sie vom Auto abgelöst und zu den Lieblingstieren weiblicher Teenager degradiert wurden, das Prestigeobjekt der Herrschenden waren. Aus gutem Grund, denn auf dem Rücken der Pferde wurden Länder erobert. Pferde ermöglichten aber auch die industrielle Revolution.

Im Equilaland (für Nichtlateiner: Equila bedeutet Pferd) wird dies umfassend gewürdigt. Es rühmt sich, der einzige Freizeitpark zu sein, der sich diesem Tier widmet. Unübersehbar steht hier ein hölzernes Pferd, das Trojanische, in dem sich einst die schlauen Griechen versteckt hatten und so den Trojanischen Krieg gewannen. Im Museum erfährt man, dass das Urpferd nur katzengroß war. Im Stall sieht man das hundegroße American Miniature Horse und im Freien die gewaltigen Shire Horses, Vertreter der größten Pferderasse überhaupt und abends Stars der Equila-Show. Im Museum lernt man, dass manche Pferde mit ihren hochgeschätzten Herrschern ins Grab durften. Was im Nachhinein allerdings eine zweifelhafte Ehre für das Pferd ist … sicher wäre es lieber noch eine Weile länger auf Erden herumgaloppiert. So wie die Herde wilder Pferde auf der hölzernen Fassade des Fröttmaninger Pferde-Opernhauses. Ein Pferde-Kino, eine Pferde-Kinderuni, ein Pferde-Spa und eine Schmiede gibt es auch noch.

Adresse Hans-Jensen-Weg 3, 80939 München | **ÖPNV** U 6, Haltestelle Fröttmaning, Ausgang gegen Fahrtrichtung links | **Anfahrt** A 99 | **Öffnungszeiten** täglich 10–19 Uhr | **Tipp** Die neueren Münchner U-Bahn-Stationen sollen ihre Umgebung widerspiegeln: Die Malerei auf den Wänden von Fröttmaning soll die Gleise um den U-Bahnhof symbolisieren.

32 Das versunkene Dorf
Ich kann keine Kunst mehr sehen

Sie sind nur eine breite Brücke und einen kurzen Fußweg von der Arena entfernt, und doch kennt kaum jemand die beiden Kirchen auf der anderen Seite des Flusses. Die Kirche Heilig Kreuz und ihr »versunkenes Ebenbild«. Letzteres ist ein aus bemalten Betonfertigteilen geschaffener, nicht begehbarer Doppelgänger des alten romanischen Gotteshauses in Originalgröße, von den Massen eines Müllbergs umringt.

Als die Allianz Arena gebaut wurde, stand auch ein »Kunst am Bau«-Projekt an. Den Zuschlag bekam 2004 der Münsteraner Künstler Timm Ulrichs. Sein Bauwerk symbolisiert das Verschwinden von Fröttmaning durch den Schuttberg, also durch den Münchner Müll, der hier abgelagert wurde.

Dass ein Dorf verschwindet, das kennt man aus der Geschichte. Oft vertrieben Menschen andere Menschen aus ihren Siedlungen. Die Pest entvölkerte ganze Landstriche, Höfe wurden in Kriegen verheert. Aber nie in der Geschichte wurde ein Dorf von Müll und Abwässern vertrieben. Als dann in den 1970er Jahren die A 99 gebaut wurde und ihre Kreuzung mit der A 9 am letzten Rest des Dorfes entstehen sollte – und zwar genau an der Stelle, wo die Kirche steht –, hatten die Bürger die Nase voll. Sie verhinderten den Abriss des Gotteshauses.

So schräg wie die versunkene Kirche neben der »echten« Heilig-Kreuz-Kirche ist auch ihr Künstler: Timm Ulrichs wurde einst bekannt, weil er sich – zu einer Zeit, als Tattoos eher was für Sträflinge und Matrosen waren – eine Zielscheibe auf die linke Brust und die Worte »The End« auf das rechte Augenlid stechen ließ. Er hat sich selbst als Blinden porträtieren lassen mit einem Schild, auf dem geschrieben steht: »Ich kann keine Kunst mehr sehen.« Und er setzt noch einen obendrauf: Auf seinem schon 1969 gefertigten Grabstein steht: »Denken Sie immer daran, mich zu vergessen!« Fällt nicht leicht angesichts der versunkenen Kirche, Herr Timm Ulrichs!

Adresse Kurt-Landauer-Weg 8, 80939 München-Fröttmaning | **ÖPNV** U6, Haltestelle Fröttmaning, Richtung Stadion gehen, dort rechts über die Brücke zum schon sichtbaren Kirchlein | **Öffnungszeiten** nur zu Gottesdiensten, Termine unter www.pfarrverband-albert-allerheiligen.de | **Tipp** Der Hügel hinter der versunkenen Kirche ist ein schöner Picknickplatz. Die »echte« Kirche Heilig Kreuz ist der älteste erhaltene Kirchenbau im Stadtgebiet München.

FRÖTTMANINGER HEIDE

33 Das Naturschutzgebiet
Lasst Panzer rollen!

Gegensätzlicher könnten zwei Orte nicht sein als hier in Fröttmaning. Auf der einen Seite der U-Bahn zwei Kirchen am Fuß eines Müllbergs (siehe Ort 32) und die Autobahn, flankiert von einem gestrandeten Groß-Ufo, der Allianz Arena. Und dann auf der anderen Seite die Heide, ein Naturschutzgebiet mit einem versteckten Überbleibsel aus dem Zweiten Weltkrieg: Als die Amerikaner kamen, vergrub man hier mal die Munition und stellte weidende Schafe obenauf. Die Amerikaner fuhren mit ihren Panzern auf der Heide umher und die Bundeswehr, die die Amerikaner ablöste, ebenso.

Nach der Olympiade 1972 hatten sich München und der Wohlstand nach Süden orientiert, für den Norden blieben Müll und die Truppenübungsplätze.

Schon seit dem 19. Jahrhundert wurden die weiten Heideflächen militärisch genutzt – für Geländeübungen sowie als Exerzier- und Schießplatz; dann übernahm die US Army das Gelände. Während das Heidegebiet nördlich der A 99 weiterhin als Standortübungsplatz genutzt wird, ist die südliche Fröttmaninger Heide seit 2016 als Naturschutzgebiet ausgewiesen. Sie ist in vier Zonen unterteilt, die zum Teil nur begrenzt betreten werden dürfen. Dennoch ist nicht klar, wo wie viele militärische Überbleibsel im Boden lauern. Denn wer weiß, was außer Munition aus früherer Zeit hier noch so alles lagert. Fundstücke sieht man in einer Vitrine im Heidehaus, dem Informations- und Bildungszentrum für diese geschützte Landschaft.

All die Panzer, die über das Gelände gefahren sind, haben den Boden ungemein verdichtet: So sammelte sich das Wasser, in dem sich jetzt wiederum die Frösche wohlfühlen. Heideflächen wie die in Fröttmaning gibt es wegen der Landwirtschaft und der Überbauung nur noch wenige. Das gesamte Areal ist heute die größte noch erhaltene Fluss-Schotterheide Süddeutschlands! Im Sommer wird sie von großen Schafherden »gemäht«.

Adresse 85748 Garching | **ÖPNV** U 6, Haltestelle Fröttmaning, Westausgang | **Anfahrt** A 9, Anschlussstelle München-Fröttmaning-Süd oder über die Ingolstädter Straße zur Anschlussstelle München-Neuherberg der A 99, weiter München-Fröttmaning-Nord | **Öffnungszeiten** Mai–Okt. Di und Do 14–18 Uhr, So 13–17 Uhr (außer an Feiertagen), Nov.–April Di und Do 14–16 Uhr, jeden 2. und 4. So im Monat 14–16 Uhr (außer an Feiertagen) | **Tipp** Rund um das Heidehaus ist ein kleiner Rundweg mit Infotafeln angelegt. Nebenan in der Allianz Arena kann man mit Hilfe von Filmen, Trophäen und einer Hall of Fame in die Welt des FC Bayern eintauchen.

FÜRSTENFELDBRUCK

34 Das Attentat-Denkmal
Als die Spiele tödlich wurden

Weltweit bekannt wurde der Fürstenfeldbrucker Fliegerhorst, als am 5. September 1972 während der XX. Olympischen Spiele in München palästinensische Terroristen zwei Mitglieder der israelischen Mannschaft töteten und weitere neun als Geiseln nahmen. Beim Versuch, die Geiseln zu befreien, kam es im Fliegerhorst zu einer Schießerei, in deren Verlauf alle neun Sportler, ein deutscher Polizist sowie fünf der acht Terroristen starben.

Vor dem Gelände erinnert ein Denkmal an jenen Tag. Eine Granitschale, die Steine und Gebetszettel wie eine Klagemauer aufnimmt. Das Stahlkorsett der Schale soll an das Emblem des Staates Israel und den siebenarmigen Leuchter, die Menora, erinnern. Im Zusammenhang mit dem Attentat taucht erstaunlich oft die Zahl Elf auf. Wie steht doch im Buch der Weisheit Salomo 11.12: »Doch alles hast Du [Gott] nach Maß, Zahl und Gewicht geordnet.« Das Attentat wurde am 5. September, dem 11. Tag der Spiele, verübt, die Gesamtsumme des 5.9.1972 ergibt 33, also dreimal die Elf. Am 11. September fand die Abschlussfeier der Spiele statt. Und elf israelische Sportler waren getötet worden. Abschließend hatte der Kommentator im ZDF aus Versehen vom »11. schwarzen September« gesprochen.

Die militärische Geschichte des ehemaligen Fliegerhorstes – von der Nutzung durch die Luftwaffe der Wehrmacht über die US Army Air Forces beziehungsweise US Air Force bis zur Luftwaffe der Bundeswehr – war 2003 zu Ende. Danach starteten hier nur noch zivile Kleinflugzeuge. Aber auch das ist vorbei. Am 20. Dezember 2015 hoben die letzten beiden Flugzeuge ab, eine Dornier Do 27 und eine Piaggio P 149.

Was aus dem Gelände wird, wenn das Militär 2023 komplett abgezogen sein wird, ist noch in der Diskussion. Neue Wohnungen sollen auf jeden Fall auf dem 250 Fußballfelder großen Areal entstehen. Und ein »digitaler Erinnerungsort« ist für 2022 geplant. Es soll ein Ort des Begegnens und des Lernens werden. Eine Schule der Demokratie.

Adresse 82216 Fürstenfeldbruck | **ÖPNV** S 3, Haltestelle Fürstenfeldbruck, weiter mit Bus 815, Haltestelle Fliegerhorst | **Anfahrt** Bundesstraße B 471, Fliegerhorst ausgeschildert | **Tipp** Im Emmeringer Badesee findet alljährlich am 24. Dezember ein Weihnachtsbaden statt.

35 Der Finger der Bavaria
Nero und ich

Erzgießer Ferdinand von Miller hatte diesen kleinen Finger vor weit mehr als hundert Jahren eigenhändig dem Männergesangverein der Stadt übergeben. Und dessen Mitglieder hatten nichts Besseres zu tun, als ihn als Trinkgefäß zu benutzen – das man immer leer trinken musste, denn abstellen kann man diesen »Becher« nicht. Er ist etwa 31 Zentimeter hoch und hat einen Durchmesser von fast 15 Zentimetern. Heute steht er vor dem Haus in Fürstenfeldbruck, in dem der Erzgießer geboren wurde. Die durstigen Sangesbrüder hatten seinerzeit ein großes Vorbild: König Ludwig I. höchstpersönlich, der bei der Enthüllung der Bavaria selbst aus einem solchen Finger getrunken hatte. Man musste übrigens bei dem Gefäß höllisch aufpassen: Wenn man es falsch ansetzte, dann schwappte einem das Getränk ins Gesicht.

Seit der Antike war keine Großplastik wie die Bavaria mehr verwirklicht worden. Sie wurde aus der Bronze türkischer Kanonen gefertigt, die 1827 im griechischen Befreiungskrieg in der Schlacht von Navarino mit der ägyptisch-türkischen Flotte untergegangen waren. König Ludwigs Sohn Otto, König von Griechenland, hatte sie bergen lassen und als Recyclingmaterial in ganz Europa verkauft. Auch das Goethe-Schiller-Denkmal in Weimar besteht aus diesem Beutegut. Aber bereits die Türken haben das wertvolle Kanonenfutter recycelt: Vielleicht sogar aus dem Koloss von Rhodos, einst eines der sieben Weltwunder?

Ludwig I. jedenfalls war mit der Statue vollkommen zufrieden und schrieb: »Nero und ich sind die Einzigen, die so Großes gemacht haben, seit Nero keiner mehr.«

Nachdem die Bavaria 1850 auf der Theresienhöhe enthüllt war, wurde Miller über Nacht weltberühmt und die Familie 1875 in den Adelsstand erhoben. Ferdinand von Millers Bruder Oskar war übrigens der Gründer des Deutschen Museums und Pionier der Deutschen Energiewirtschaft.

Adresse Hauptstraße 15, 82256 Fürstenfeldbruck | **ÖPNV** S 4, Haltestelle Fürstenfeldbruck | **Anfahrt** A 99, Ausfahrt Fürstenfeldbruck, Richtung Stadtzentrum | **Tipp** Das Grab von Johann Baptist Miller, dem Vater von Ferdinand von Miller, ist heute noch auf dem alten Friedhof an der Kirchstraße zu finden. Im Museum Fürstenfeldbruck werden auch die Millers thematisiert.

FÜRSTENFELDBRUCK

36 Die Gedenkbänke
Zwei Minuten und 18 Sekunden

Am 5. April 1957, einem sonnigen Frühlingsfreitag, startete der US-Pilot Richard Higgins das Triebwerk seines Kampfflugzeugs vom Typ Republic F-84F »Thunderstreak«. Er sollte testen, ob die Maschine nach einem Werkstattbesuch wieder einsatzbereit war. Der 34-Jährige war für einen Kollegen eingesprungen, der kurzfristig den Flug nicht antreten konnte.

Schon kurz nach dem Start sahen Augenzeugen eine Rauchfahne und hörten ungewöhnliche Geräusche. Higgins konnte den Start nicht mehr abbrechen, dafür war es zu spät. Also wollte er so schnell als möglich zur Landebahn zurück. 300 Meter über der Kirche des Zisterzienserklosters erkannte er, dass er das nicht mehr schaffen würde, das Flugzeug sank unaufhaltsam, und es schlugen sogar schon Flammen aus den Triebwerken. Vom Tower erhielt er die Anweisung, den Schleudersitz zu betätigen. Der Preis dafür wäre, wie er schnell erkannte, dass der Düsenjäger direkt über Fürstenfeldbruck abstürzen und vielleicht unzählige Menschenleben kosten würde. Higgins widersetzte sich dem Befehl und flog an den westlichen Ortsrand, wo er über der Pulverturmwiese absprang.

Doch es war zu spät für ihn. Denn das Flugzeug befand sich schon 80 Meter über dem Erdboden, und sein Fallschirm öffnete sich nicht mehr vollständig. Higgins schlug auf dem Boden auf und starb. Nur zwei Minuten und 18 Sekunden hatte sein Flug gedauert. Unfallursache war, wie sich später herausstellen sollte, das Abbrechen mehrerer Leitschaufeln im Triebwerk aufgrund von Materialermüdung.

Die Kameraden von Higgins haben bis in die jüngste Zeit Kontakt zu den Bruckern gehalten. Zu Ehren des Fliegers wurde die Richard-Higgins-Grundschule nach ihm benannt. An der Absturzstelle stehen heute zwei Bänke und eine Informationstafel. Richard Higgins war ein Held. Einer, der diese Bezeichnung auch verdient hat.

Adresse Pulverturmwiese, 82256 Fürstenfeldbruck | **ÖPNV** S 4, Haltestelle Fürstenfeldbruck | **Anfahrt** am Feldweg nach Puch parallel zur B 471, nach der Brücke über die B 471 am »Eingang in den Wald« (neben dem Bolzplatz in Verlängerung der Rothschwaiger Straße), rechts nach Puch einbiegen; links am Wegesrand die Gedenktafel | **Tipp** In der Richard-Higgins-Grundschule hängt ebenfalls eine Gedenktafel für die Geschichte.

FÜRSTENFELDBRUCK

37 Die Stadtbibliothek in der Aumühle

Was ist das denn?

Ein bisschen Schneewittchen-Schloss, ein bisschen Neuschwanstein, ein bisschen Dracula-Schloss – auf jeden Fall überraschend für jemanden, der das Gebäude noch nie gesehen hat: Die Stadtbibliothek scheint beinahe eine Pappkulisse und nicht Teil eines realen Gebäudeensembles zu sein. Beim Blick von der Amperbrücke flussaufwärts fällt unübersehbar der Siloturm der ehemaligen Aumühle, auch Bullachmühle genannt, sofort ins Auge. Früher war dies eine Getreidemühle, der Turm diente als Kornspeicher. Als älteste Mühle am Ort wurde sie 1331 erstmals urkundlich erwähnt. Der Gebäudekomplex besteht heute aus dem vierstöckigen Haupttrakt, der mit drei neueren Anbauten verbunden ist. Das Gesamtensemble mit dem markanten Maschinenhaus und der mondänen Direktionsvilla ist ein sehenswertes Industriedenkmal des 19. Jahrhunderts. Während des Umbaus des Mühlensilos 1989 wurde ein großer Teil des Gebäudes durch einen Brand zerstört. Nach dem Wiederaufbau befindet sich heute die Stadtbibliothek Fürstenfeldbruck in den Räumen.

Nicht nur von außen, sondern auch von innen ist das Gebäude sehr sehenswert. Im ehemaligen Marstall mit seinem Säulengewölbe gibt es eine kleine Bar. An den Decken beeindruckende Holzbalken, eiserne Treppen führen durch das verwinkelte und verschachtelte Haus. Überall Sitzinseln. In der Kinderbibliothek bücherbunte Sessel, in die man leicht hineinfällt, aber schwer wieder herauskommt. Geht man weiter, sieht man überall noch in Fragmenten die typischen Merkmale der Industriearchitektur: Holz, Eisen, Gusseisen, Zierfassaden und -aufbauten, einfache Anbauten und technische Einbauten.

Der silberfarbene Eisensteg mit seinem neobarocken Torbogen wurde um 1900 ebenfalls vom damaligen Besitzer der Aumühle errichtet, um den Weg zum Markt abzukürzen.

Adresse Bullachstraße 26, 82256 Fürstenfeldbruck | **ÖPNV** S 4, Haltestelle Fürstenfeldbruck, Fußweg zum Kloster, vor der Brücke über das Flüsschen rechts gehen | **Anfahrt** A 8 Kreuz München-West, in Richtung Lindau / Schweiz, links halten, A 99, Ausfahrt Germering-Nord, B 2 Richtung Fürstenfeldbruck, links auf Leonhardsplatz, Bullachstraße | **Öffnungszeiten** Mo 14 – 20 Uhr, Di – Fr 10 – 18 Uhr, 1. Sa im Monat 10 – 13 Uhr | **Tipp** Die Kneippinsel ist ein unbekanntes Kleinod im Herzen von Fürstenfeldbruck. Die Kneippanlage in dem herrlichen kleinen Park ist eine der ältesten des Landes und nur über den Silbersteg rechts und links oder über die »Lände« zu erreichen. In der Nähe befindet sich auch eine Kletterinsel.

FÜRSTENFELDBRUCK

38 Die weißen Kutten
Sich mal als Mönch verkleiden

Die meisten gehen vorbei. Achselzuckend, ist ja Kinderkram. Dabei sind die weißen Kutten im Stadtmuseum dazu da, sich mal im wahrsten Sinne des Wortes das Leben eines Mönches überzustreifen. Pardon, nicht Kutte, sondern das Ordensgewand – darauf legen die Zisterzienser Wert. Zum Chorgebet trugen sie die »himmlische Farbe«, wie sie in der Apokalypse genannt wird (Offenbarung 7,14). Regel 17 des Templerordens sagt: »Diejenigen, die das düstere Leben aufgegeben haben, erkennen durch die weiße Kutte an, dass sie mit ihrem Schöpfer versöhnt sind … sie ist Keuschheit, ohne die niemand Gott sehen kann.« Durch sein Material symbolisiert der Mantel auch Armut, er ist aus ungebleichtem Stoff, ungefärbt und unveredelt.

Eine individuelle Lebensgestaltung war im Kloster undenkbar. Die Regeln forderten Gehorsam, Armut und Enthaltsamkeit. Das Verbot, sich außerhalb der Klostermauern aufzuhalten, und das strikte Sprechverbot mussten unbedingt beachtet werden. Nicht alle Mönche waren bereit, allen Sünden und allem Weltlichen zu entsagen. So gab es auch in Fürstenfeld Diebe, Brandstifter, Mörder und solche, die auf Sexualität nicht verzichten konnten. Mit Nahrungsentzug, körperlichen Strafen und Haft im klostereigenen Kerker, Versetzung in ein anderes Kloster und Ausschluss aus dem Orden wurden die Delinquenten bestraft.

Nichts war bei den Zisterziensern, deren Gründer Bernhard von Clairvaux dem Orden Sinn und Regeln gab, so stark symbolisch besetzt wie dieser weiße Mantel. Der Eintritt in den Orden wurde durch die Übergabe des Mantels markiert. Übrigens: In der Klosterkirche ist über der linken Eingangstür innen ein Templerkreuz zu sehen.

Im Jahre 1803 wurde das 1263 von Herzog Ludwig II. dem Strengen erbaute Zisterzienserkloster säkularisiert. Über seine Geschichte wird im Stadtmuseum berichtet. Und dies durchaus kritisch, da wird nichts verbrämt, was seinerzeit allzu weltlich war.

Adresse Stadtmuseum, im Kloster, Fürstenfeld 6, 82256 Fürstenfeldbruck | **ÖPNV** S 4, Haltestelle Fürstenfeldbruck, circa 15 Minuten Fußweg | **Anfahrt** A 8, Ausfahrt Dachau / FFB, B 471 Richtung Fürstenfeldbruck, Ausfahrt Fürstenfeldbruck-West, ausgeschildert | **Öffnungszeiten** Di–Sa 13–17 Uhr, So, Feiertage 11–17 Uhr | **Tipp** Über eine Erdbrücke gelangt man zum Engelsberger Hofladen auf dem mystischen Engelsberg, wo auch die Reste eines ehemaligen Burgstalles zu finden sind. Über den Engelsberg führt ein idyllischer Waldweg zum Kloster.

39 — Das Observatorium
Sag mir, welche Sternlein stehen

Die riesigen Teleskope des ESO, des European Southern Observatory, stehen nicht in Garching, sondern in Chile – weil dort der Himmel so frei von Lichteinflüssen ist wie sonst nirgends mehr auf der Welt. Aber ins Weltall schauen kann man in Garching trotzdem. Denn dort werfen in der Kuppel des Planetariums fünf Projektoren von 14 Meter Durchmesser das All an die Kuppeldecke.

Seit Neuestem im futuristischen ESO-Besucherzentrum, einem an sich schon spektakulären Gebäude, ist es doch in Form eines Doppelsternsystems erbaut worden. Die zwei Sterne eines Doppelsystems stehen so nahe beisammen, dass sie von der Erde aus gesehen wie einer wirken. Irgendwann wird der schwerere Stern als Supernova explodieren, wobei deren kurzzeitiges Aufleuchten so hell sein wird wie das Licht aller Sterne der Milchstraße zusammen.

Im Besucherzentrum verläuft ein 285 Meter langer Spiralweg mit zwölf verschiedenen Themen wie Sonne, Mond, Exoplaneten, Kosmologie oder kosmische Mysterien. Immer mit interaktiven Touchscreens und Anschauungsobjekten, die Teleskope, Observatorien, Himmelskörper und Sterne nachbilden. Das Herzstück des Hauses ist natürlich das größte geneigte Planetarium Deutschlands, Österreichs und der Schweiz.

Auf dem Weg durch das Planetarium legt man auch einen Zwischenstopp in der Atacamawüste in Chile bei den Teleskopen ein, einem der wenigen nachts noch wirklich dunklen Orte auf der Welt. Weiter geht's zum Galaxienkollisionstisch und zum relativistischen Fahrrad.

Faszinierend ist hier aber nicht nur der Blick nach oben in den Himmel, sondern auch der nach unten. Denn auf dem Fußboden ist die Stadt München von oben zu sehen. Unter anderem Schloss Nymphenburg, dessen genau abgezirkelter Barockgarten nur aus dieser faszinierenden Vogelperspektive zu erkennen ist.

Familien hergehört: Im »Picknickbereich« des Observatoriums kann man selbst mitgebrachte Speisen und Getränke verzehren!

Adresse ESO European Southern Observatory, Karl-Schwarzschild-Straße 2, 85748 Garching | **ÖPNV** U6, Haltestelle Garching-Forschungszentrum, zu Fuß durch Boltzmannstraße entlang der Pappelallee, links Karl-Schwarzschild-Straße | **Anfahrt** A 9 bis Ausfahrt Garching-Nord, von dort direkt zum Forschungsgelände | **Öffnungszeiten** Mi – Fr 9 – 17 Uhr, Sa, So 12 – 17 Uhr | **Tipp** Direkt neben der U-Bahn-Station ragt der Campusmaibaum mit seinen rätselhaften Symbolen auf. Die Embleme stellen die Fakultäten der TUM dar. Gegenüber ist im Unigebäude Jonny, der Roboter, zu bewundern.

40 Die Parabelrutsche

$z = y = hx^2/d^2$

Dies ist eine Rutsche, die im Rahmen von Kunst am Bau im Gebäude der Fakultäten für Mathematik und Informatik installiert wurde und eine Parabel darstellt – Kunst soll ja etwas mit dem Gebäude zu tun haben, in dem sie sich befindet. Die Rutsche ist also gleichsam eine Metapher für das, was den wissenschaftlichen Alltag der Fachbereiche ausmacht: Funktionen, Gleichungen und Parabeln. Johannes Brunner, einer der beiden Künstler, sagte dazu: »Für uns ist es wichtig, eine plastische Umsetzung einer theoretischen Idee so erfahrbar zu machen, dass sie in dem Fall zu einem Wohlempfinden führt.« Die beiden Äste der Parabel schwingen sich vom dritten Stock 13 Meter hinab zur Fußgängerebene der Magistrale, also mitten ins Herzstück der Gebäude für die Fakultäten Mathematik und Informatik der TU München.

Nun für Mathematiker: Eigentlich sollten die Rohre der Parabel nach der Formel $z = y = hx^2/d^2$ gefertigt werden, wobei h die Höhe vom Erdgeschoss bis zum Einstieg oben im dritten Stock und d^2 die Entfernung der beiden Einstiegspunkte ist. Die x-y-Ebene entspricht der Fußgängerebene, wobei die x-Achse entlang der Magistrale weist. Die z-Achse führt vertikal nach oben, und der Ursprung liegt im Parabel-Scheitel.

Der Entwurf der Rutsche war die Arbeit von Künstlern, das Aufstellen die eines Ingenieurs. Zuerst musste man die Parabel mal ins Gebäude bekommen. Zu groß, wie sich herausstellen sollte. Sie musste also durchgeschnitten werden. Zum Entsetzen der Künstler! Das Prachtstück ist mehrere Tonnen schwer, die Röhre, die man hinunterrutschen kann, 40 Meter lang. Auch Edmund Stoiber ist diese Rutsche schon heruntergerauscht, die übrigens an der Cafeteria endet.

Mathematik auf nicht nur für Kinder unterhaltsame Weise kann man im ix-quadrat im Erdgeschoss erfahren. Die Ausstellung ist eine Herzensangelegenheit von Professor Jürgen Richter-Gebert.

Adresse Zentrum Mathematik, Boltzmannstraße 3, 85748 Garching-Forschungszentrum | **ÖPNV** U 6, Endhaltestelle Garching-Forschungszentrum | **Anfahrt** A 9 bis Ausfahrt Garching-Nord und von dort direkt zum Forschungsgelände | **Öffnungszeiten** Mo – Fr 8 – 24 Uhr | **Tipp** Vor dem Gebäude nebenan sind die Bäume in Form des binären Systems gepflanzt.

41 Die U-Bahn-Station
Walhalla der Wissenschaftler

Geht es nicht den meisten so? Man kennt den berühmten Namen, aber was der Wissenschaftler denn so genau gemacht hat, das weiß man dann doch wieder nicht. In der U-Bahn-Station Garching-Forschungszentrum sind auf Spiegeln 26 großformatige Tafeln nebeneinander aufgehängt, sie erstrahlen entweder in Melonengelb oder in leuchtendem Karibiktürkis. Darauf eine grafische Darstellung der Innovation eines Wissenschaftlers sowie eine kurze Erläuterung dazu. Namen wie Albert Einstein, Rudolf Diesel und Max Planck kennt man. Auch den von Josef von Fraunhofer, der optische Gläser und Geräte in bis dato nicht gekannter Güte entwickelt und unter anderem am Optischen Institut in München gearbeitet hat. Seine Grabinschrift: »Er brachte die Gestirne näher.«

Aber auch weniger bekannte Namen wie der von Max von Laue sind hier zu entdecken. Er hat herausgefunden, dass sich die Röntgenstrahlung wie eine Welle ausbreitet, und dafür den Nobelpreis erhalten. Laue hatte unter anderem in München studiert.

Ehrenwerte Wissenschaftler also. Aber auch die genialen Flugzeugbauer Claude Dornier und Willy Messerschmitt werden hier mit einer Tafel geehrt – im Vorfeld heiß diskutiert, da beide während des Zweiten Weltkriegs KZ-Häftlinge in ihren Werken eingesetzt hatten. Und so wurde letztendlich auf den Tafeln auf beide Facetten ihrer Vita hingewiesen. Man dürfe »Geschichte nicht reduzieren auf Helden- und Schurkengedichte«.

Beleuchtet werden die Erleuchteten – allesamt Männer – von zehn Leuchtern mit jeweils zwölf sternförmig angeordneten Lampen. Zwölf, die Zahl des Kosmos, Paradigma der Schöpfung, Vollständigkeit und Grundlage allen Zählens. Da die Zwölf die Drei und die Vier enthält, steht sie sowohl für die geistliche als auch für die weltliche Ordnung.

Über der Station verläuft eine mehrmals eingeknickte Straße. Mögliche Deutung: Autostraßen sind von gestern, U-Bahn ist von heute.

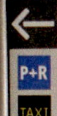

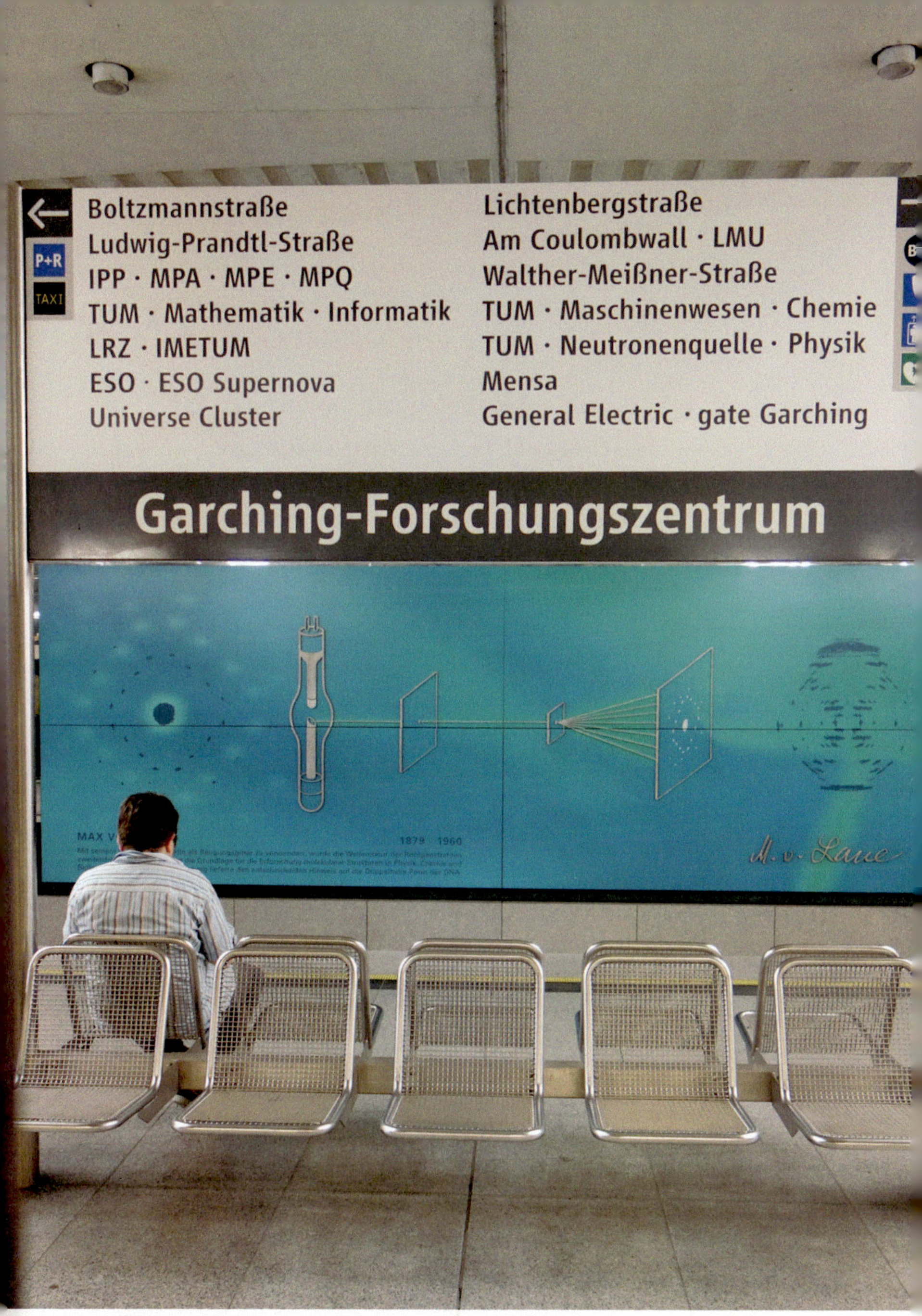
Boltzmannstraße
Ludwig-Prandtl-Straße
IPP · MPA · MPE · MPQ
TUM · Mathematik · Informatik
LRZ · IMETUM
ESO · ESO Supernova
Universe Cluster
Lichtenbergstraße
Am Coulombwall · LMU
Walther-Meißner-Straße
TUM · Maschinenwesen · Chemie
TUM · Neutronenquelle · Physik
Mensa
General Electric · gate Garching
P+R
TAXI
Garching-Forschungszentrum
1879 1960
M. v. Laue

Adresse Boltzmannstraße, 85748 Garching-Forschungszentrum | ÖPNV U 6, Endhaltestelle Garching-Forschungszentrum | Anfahrt A 9, München–Nürnberg, Ausfahrt Garching | Tipp Der neue Meteoturm am Eingang ist das Wahrzeichen des Forschungscampus.

GERMERING

42 Die Kutschensammlung
Zur Seite, der König kommt!

Peter Schröfl reitet nicht, seine Frau schon. Gemeinsam wollten sie aber schon was machen und kamen so auf die Idee, einfach zusammen Kutsche zu fahren. Und daraus entstand unverhofft Schröfls große Leidenschaft: das Sammeln von Kutschen. An die 30 stehen im ersten Stock der Scheune. Es ist kein Museum, wie er betont, sondern eine Sammlung, und das bedeutet, die Kutschen werden auch gefahren. Von ihm und von Gästen als Hochzeitskutsche. Stilgerecht bläst er das Horn nach einer Fahrt.

Das außergewöhnlichste Gefährt ist wohl das »Hansom Cab« – eine Art Taxi, das um das Jahr 1860 in London und Paris Passagiere beförderte. Der Kutscher saß nicht vorne auf dem Bock, sondern in einer erhöhten Position hinter der Gästekabine, denn von dort oben konnte er Banditen mit der Peitsche eins überziehen. Und wegen der vielen Schwarzfahrer, die vorzeitig abspringen wollten, konnte nur er über einen Hebel-Mechanismus die Türen öffnen.

Schröfls größter Stolz aber ist die original Theaterkutsche von König Ludwig II., mit der er von Nymphenburg nach München ins Theater der Residenz oder zur Oper gefahren ist. Der Weg dahin war eben, und so besitzt die Kutsche auch keine Bremsen! Außerdem sind sowieso alle an die Seite gesprungen, wenn die Königskutsche angebraust kam. War Seine Majestät an Bord, so erkannte das Volk dies an den Lampen. Vor der Abfahrt des Königs tauschten die Diener die einfachen Lampendeckel-Blenden gegen aufwendig gestaltete Kronen aus. An der Theaterkutsche des Königs war seinerzeit auch das dänische Königshaus interessiert, doch dank Peter Schröfl blieb die Kutsche da, wo sie hingehört: in Bayern. Selbst eine historische Aufnahme des Gefährts konnte er auftreiben.

Die Redensart »Es läuft wie am Schnürchen« geht übrigens auf ein kleines Loch in den Kabinen zurück, wo die Fahrgäste die von ihnen gewünschte Richtung anzeigen konnten, indem sie in der zuvor vereinbarten Abfolge an der Schnur zogen.

Adresse Peter Schröfl, Gut Wandelheim, Landsberger Straße 408, 82110 Germering |
Anfahrt B 2, Richtung Germering, rechts auf die Landsberger Straße Richtung Landsberg |
Öffnungszeiten Besichtigungstermine unter Tel. 089/8502816 oder andrea@schroefl.de |
Tipp Die Hauskapelle aus dem 16. oder 17. Jahrhundert ist ein historisches Kleinod.

GIESING

43 Der Ostfriedhof
Kaskaden, Henker und ein Psychiater

Als München um 1900 sprunghaft wuchs, musste nicht nur Raum für die Lebenden, sondern auch für die Toten geschaffen werden. Der städtische Baubeamte und Architekt Hans Grässel konzipierte seinerzeit die Münchner Großfriedhöfe, je einen in den vier Haupthimmelsrichtungen. Für den Ostfriedhof hatte sich Grässel etwas weltweit wohl Einzigartiges ausgedacht: Er nutzte das abfallende Gelände, um eine zweiteilige Kaskadenanlage anzulegen. Damit griff er eine bis in die Antike zurückreichende Tradition auf, die vor allem im Barock, zum Beispiel im Nymphenburger Schlosspark, sehr beliebt war – und nun in einer demokratischen Friedhofsanlage verwirklicht wurde.

Die Anlage, im Zweiten Weltkrieg zerstört, schlummerte 70 Jahre vor sich hin. 2017 wurde sie feierlich »wiedereröffnet«. Ihre Fontänen, Balustraden, Wasserbecken, Treppen und Ruheplätze erstrahlen wieder in altem Glanz. Fast, denn man sieht genau, welches alte und welches neue Steine sind. Kriegsschäden wurden bewusst nicht restauriert.

Auf dem Ostfriedhof liegt Dr. Gudden begraben (direkt neben dem Eingang Tegernseer Landstraße, Mauer links, Nr. 5/6), der oft als Leibarzt von König Ludwig II. bezeichnet wird, aber nur dessen begutachtender Psychiater war. In einem prachtvollen Mausoleum ruht Modeschöpfer Rudolph Moshammer (60-M-7) und an der Mauer der Bruder von Kaiserin Elisabeth von Österreich, neben ihm das schlichte Grab der Gräfin Larisch – eine hochinteressante Persönlichkeit! Sie war das schwarze Schaf der Wittelsbacher am Wiener Hof! Dann gibt es noch das Grab des bayerischen Scharfrichters Franz Xaver Reichhart (047-2-21), der den Räuber Kneißl (siehe Ort 63) hingerichtet hat. Im gleichen Grab liegt sein Neffe, Johann Reichhart, der für die Nazis Hans und Sophie Scholl hingerichtet hatte. Und im Anschluss für die amerikanische Besatzungsmacht 156 Hinrichtungen vornahm.

Adresse St.-Martins-Platz 1, 81541 München-Obergiesing | **ÖPNV** Tram 15, Haltestelle Ostfriedhof; S 7, Haltestelle St.-Martin-Straße | **Anfahrt** Parkgarage Paulaner am Nockherberg | **Öffnungszeiten** Nov.–Feb. 8–17 Uhr, März 8–18 Uhr, April–Aug. 8–20 Uhr, Sept.–Okt. 8–19 Uhr | **Tipp** Im Restaurant »Attentat – Griechischer Salat« in der Zugspitzstraße 10 steht ein hölzernes Zebra im Raum und toller Salat auf der Karte.

GRÄFELFING

44 — Der Felsen
Und ewig blickt der Winnetou

Ganz verwinkelt und versteckt, schützend umgeben von einer großen Hecke und hohen Bäumen, hat der große Häuptling der Apachen auf dem Gräfelfinger Friedhof seine ewige Ruhe gefunden.

Die Suche hat sich gelohnt: Hella Brice, die Witwe des verstorbenen Pierre Brice, hatte sich einen Stein vorgestellt, in den Pierres Porträt als Winnetou mit seinem berühmten Blick in die Ferne eingemeißelt ist. Doch sie fand keinen Steinmetz, dem das gelang. Freunde machten sie dann auf einen Steinbruch in Ebersberg aufmerksam. Und dort fand sie ihren sieben Tonnen schweren Traumfelsen. Auf dem Stein ist das Porträt von Pierre Brice zu sehen. So zumindest meint seine Witwe. Außerdem könnte er sowohl von der wilden bretonischen Küste stammen, an der Pierre geboren wurde, als auch aus der kargen Felslandschaft Kroatiens, in der vor 50 Jahren die Winnetou-Filme gedreht wurden. »Alle Farben glitzern in ihm, als seien alle Rassen der Welt in ihm vereint – das hätte meinem Mann gefallen«, ist Hella Brice sich sicher.

Nahe bei Pierre Brice liegt ein weiterer Mann, der zwei Welten miteinander verbunden hat. Der 1950 verstorbene koreanische Schriftsteller Mirok Li, der in seinem deutschen Exil um die Mitte des 20. Jahrhunderts koreanische Erzählungen in deutscher Sprache verfasste. Auch der Schriftsteller Paul Eipper, die Schauspieler Olga Tschechowa, Fritz Rasp, Horst Tappert oder der Sänger Ferry Gruber und der Trickfilmregisseur Ferdinand Diehl fanden hier ihre letzte Ruhe.

Sie alle ruhen in einer schützenden Hand. So hatte sich der Architekt Richard Riemerschmid, der selbst hier liegt, den Friedhof vorgestellt. Außen stehende Grabsteine, innen liegende. Keine Abgrenzungen. Irgendwann alles überwuchert, zur Natur geworden. Auch wenn dieses Prinzip im Laufe der Jahre verloren gegangen ist, beim Architekten selbst ist es erhalten geblieben: Riemerschmids Grab ist stark verwuchert.

Adresse Gemeindefriedhof Gräfelfing, Großhaderner Straße 2, 82166 Gräfelfing | **ÖPNV** S 6, Haltestelle Gräfelfing, circa 20 Minuten Fußweg | **Anfahrt** A 96 Richtung Lindau, Ausfahrt Gräfelfing | **Tipp** Sehr ansprechend von den Räumlichkeiten her und auf dem Weg zum Friedhof gelegen ist das griechische Restaurant Hermes. Sehr gutes Essen!

GRÄFELFING

45 — Das Uhrengehäuse
Tick, tack, Kopf ab

Früher, als es noch keine Armbanduhren gab, da waren sie richtig wichtig: die schon von Weitem sichtbaren Kirchturmuhren, die den Takt des Tages bestimmten. Im Jahr 1900 ließ man das alte Uhrwerk der Dorfkirche Gräfelfing durch eines der »Königlich Bayerischen Hof-Thurmuhrfabrik Mannhardt« ersetzen, bis auch das 1976 ausgemustert wurde. Und irgendwann im Rathaus von Gräfelfing landete, denn die Eigentümer von Turmuhren sind nicht die Kirchen, sondern die Gemeinden.

Geradezu filmreif tickt nun im Treppengehäuse eine Kirchturmuhr von Johann Mannhardt. Er war Hoflieferant der bayerischen Könige Ludwig I., Maximilian II. und Ludwig II. Mannhardt, geboren 1798, war ein Mann, der Maßstäbe setzte. Durch ihn kam das Räderwerk der mechanischen Turmuhren in Schwung, die von nun an genau anzeigten – nicht nur was die Stunde schlug, sondern auch die Minute. Zuvor gab es schon Turmuhren, aber die hatten nur einen Stundenzeiger und auch noch eine Abweichung von einer Viertel- bis zu einer ganzen Stunde pro Tag. 1844 gründete er die Königlich Bayerische Hof-Thurmuhrfabrik Johann Mannhardt in München. Dass Mannhardt-Uhren besonders präzise gingen, war für die damals neu aufkommende Eisenbahnfahrt wichtig. Mannhardt hat aber auch mit an der Guillotine getüftelt, mit der nicht nur Adlige, sondern auch die Geschwister Scholl geköpft wurden.

Das Rathaus von Gräfelfing wurde 1967 im Stil des damals hochmodernen Béton brut gebaut, bei dem der Beton sichtbar bleibt. Im Volksmund auch »palazzo brutale« genannt oder »Bunker«. Heute gilt das Gebäude als »ein hochkarätiges Zeugnis der Architektur der 1960er und 70er Jahre«. Alle Räume, in denen gearbeitet wird, haben riesige Fenster mit Blick auf Bäume und Natur. Seinerzeit viel beachtet war der Dachgarten, der in den 1960er Jahren noch ungewöhnlich war. Ein Garten auf dem Dach! So was!

Adresse Ruffiniallee 2, 82166 Gräfelfing | **ÖPNV** S 6, Haltestelle Gräfelfing, direkt am S-Bahnhof | **Anfahrt** A 96 Richtung Lindau, Ausfahrt Gräfelfing | **Öffnungszeiten** Mo, Di, Do und Fr 8–12 Uhr, Mi 8–18 Uhr | **Tipp** Eine verwunschene Idylle ist der Garten der Kunstbaracke in der Steinkirchnerstraße 44–46. Wo heute Künstler arbeiten, experimentierte einst Professor Diekmann, Pionier der Fernsehtechnik. Mit Graf Zeppelin unternahm er Testflüge.

46 — Der Teufelsstein
Ich muss mich schon wieder aufregen

Der Teufel, stets im Kampf gegen das Christentum unterwegs, kam einst mit einem schweren Felsbrocken unterm Arm aus den Alpen, um die Kirche von Grafrath zu zertrümmern. Doch es war heiß, so heiß und der Brocken so schwer und der Weg so lang. Außerdem hatte er sich kurz vor Grafrath verirrt. Erschöpft legte er den Stein an den Wegesrand und machte ein Ruhepäuschen. Wie er so dasaß, humpelte eine alte Frau des Weges. Sie trug einen Korb voller zerrissener Schuhe. Er fragte sie nach dem Weg. Die Bäuerin fuhr erschrocken zusammen und stammelte, er sei vollkommen falsch gelaufen und käme vor Sonnenuntergang gewiss nicht mehr ins Dorf. Sie ihrerseits käme gerade aus Grafrath und habe auf dem langen Weg schon alle Schuhe durchgelaufen, die sie im Korb bei sich trüge.

Der Teufel soll sich darüber so unendlich aufgeregt haben, dass er den Felsbrocken mit aller Kraft in den Boden schleuderte, sodass nur mehr der obere Teil des Felsens herausragte. Er stampfte noch eine Weile auf dem Stein herum und verschwand irgendwann in einer Wolke aus Rauch und Gestank.

Ob der Stein einst eine keltische Kultstätte war, bleibt ungewiss. Seine rote Farbe hat er auf jeden Fall nicht von blutrünstigen Ritualen, sondern von modernen Pinseln. Als sicher gilt, dass der Stein ein Findling ist, der vor vielen Tausenden von Jahren von einem Gletscher langsam hierhertransportiert wurde. Geologisch interessant sind auch die vermoorten oder teichähnlichen Hohlformen am Wegrand, die Toteislöcher. Sie entstanden, als sich das Eis am Ende der letzten Eiszeit zurückzog und größere, vom übrigen Strom abgehängte Eisbrocken in Senken zurückblieben und erst später schmolzen.

Das nahe Unteralting hatte Carl Orff, Komponist der »Carmina Burana«, einst als seine zweite Heimat bezeichnet. Hier hatte er viele Sommer seiner Kindheit verbracht. Sicher ist er damals auch einmal zum Teufelsstein gewandert.

Adresse 82284 Grafrath-Unteralting | **ÖPNV** S 4, Haltestelle Grafrath, circa eine halbe Stunde Fußweg | **Anfahrt** B 471 Richtung Grafrath, links | **Tipp** Und nach der kleinen Wanderung auf ins Dampfschiff Grafrath, ein im 19. Jahrhundert gegründetes See-Wirtshaus mit Biergarten.

47 Die Russenbrücke
Wie Bücher in einer Bibliothek

Kriegsgefangene haben im Jahr 1916 dieses Juwel von einer Brücke gebaut. Man nahm lange an, dass es Russen waren, daher auch der Name. Bis es der Gröbenzeller Hans Scheidler, der als 17-Jähriger selbst beim Bau der Brücke dabei war, mal mit der Wahrheit genauer nahm. Immerhin hatte sein Vater Johann Scheidler die Arbeiten im Auftrag des Kulturbauamtes selbst geleitet. Es stellte sich heraus, dass die Brücke mitnichten von Russen, sondern von französischen Kriegsgefangenen errichtet wurde. Sie kamen aus dem Lager Puchheim, wo etwa 8.000 russische, 8.000 französische, 8.000 italienische und 100 englische Gefangene untergebracht waren. »Wie die Bücher in der Bibliothek«, wie sie später erzählten sollten.

Erbaut wurde die Brücke im Jugendstil, dessen Name auf die 1895 in München gegründete illustrierte Kulturzeitschrift »Jugend« zurückgeht. Die Künstler des Jugendstils wollten im Gegensatz zum rückwärtsgewandten Historismus künstlerisch nach vorne blicken und auch neue Materialien verwenden wie Beton oder Eisen, Materialien, aus denen diese Brücke gebaut wurde.

Von den Kriegsfangenen, die beim Brückenbau dabei waren, fielen viele am Ende des Ersten Weltkrieges einer Typhusseuche zum Opfer. Sie wurden in einem Massengrab an der Sandbergstraße, der heutigen Lena-Christ-Straße, beigesetzt. Da später alle Toten bis auf die Russen in ihre Heimat überführt wurden, wurde die Ruhestätte nun Russen-Friedhof genannt. So kam es, dass die Brücke missverständlich als die »Russenbrücke« bezeichnet wurde, einfach weil man sich an die anderen Gefangenen nicht mehr richtig erinnerte.

Der einst wild mäandernde Gröbenbach wurde 1903 begradigt. Nur zwischen Puchheim und Puchheim-Bahnhof wurde er renaturiert. Auch der Bach hat seine Spuren bei der Namensgebung im Ort hinterlassen: zum Beispiel bei der Gröbenbachschule in Gröbenzell, neben der Gröbenbachstraße am Gröbenbach.

Adresse am Zillerhof, nahe Eschenrieder Straße, 82194 Gröbenzell | **ÖPNV** S 3, Haltestelle Gröbenzell, der Gröbenbachstraße folgen | **Anfahrt** A 99, Ausfahrt Lochhausen, Lochhausener Straße folgen | **Tipp** Im Fischbiergarten Ertl gibt's Fritzes frischen Fisch. Im Weiherweg steht die Villa des Schriftstellers Otto Zierer (1909–1983), seit Jahren beliebtes Motiv für Film- und TV-Produktionen.

48 Das Asylkreuz
Lauf um dein Leben

Das Kreuz im Wappen von Großdingharting verweist auf das sogenannte Asylkreuz, das sich an der Kirche St. Laurentius befindet; es gilt als Hinweis auf einen alten Gerichtsplatz. Das Asylkreuz symbolisiert aber auch die Aufnahme von Flüchtlingen nach dem Krieg, die sich die Gemeinde als ihren »Zufluchtsort« gewählt haben.

Unsere Vorfahren, die alten Germanen, sprachen Recht unter Linden. Auch konnten Verfolgte unter Linden Schutz finden. Das neue Christentum errichtete an diesen Orten des alten Glaubens seine Kirchen und übernahm den Asylbrauch. Es war die Aufgabe der Kirche, an diesen Orten den Frieden zu wahren. Papst Nicolaus verfügte im Jahr 1059, dass der Bereich, innerhalb dessen ein Asylflüchtling Schutz genießen sollte, für eine größere Kirche auf 40, für Kapellen und kleinere Kirchen auf 30 Schritte festgesetzt wurde. Demjenigen, der innerhalb dieser Grenze einen Flüchtling angriff, drohte die Exkommunikation. Überdies schützte den Asylanten die Ehrfurcht vor dem Hause Gottes vor jeder Gewalt. Auf Karl den Großen geht die Verordnung zurück, dass Zufluchtssuchende nicht mit Gewalt aus der Kirche geholt werden durften.

Die Asylkreuze an der Ostseite des Kirchenturms der 1492 vollendeten St.-Laurentius-Kirche Großdingharting hatten einen makabren »Nebeneffekt«. Ein zum Tode verurteilter Verbrecher durfte versuchen, sich vom Galgenberg zwischen Großdingharting und Beigarten bis zur Kirche durchzuschlagen. Entkam er seinen Verfolgern und gelang es ihm, das Kreuz an der Kirchenmauer zu berühren, war er frei. Dies galt jedoch als ziemlich unwahrscheinlich, da es vom Galgenberg bis zur Kirche 650 Meter waren und der Verurteilte von Reitern verfolgt wurde.

Und wenn er wider Erwarten das Kreuz erreichte, dann war der Schutz meist nur vorübergehend: Er musste sich nach einer Frist entscheiden, ob er sich selbst ausliefern oder seine Sünden bekennen und das Land verlassen wollte.

Adresse Münchner Straße 3, 82064 Straßlach-Dingharting-Großdingharting | **ÖPNV** S 7, Haltestelle Höllriegelskreuth, mit Bus 271 weiter nach Großdingharting | **Anfahrt** A 995 Richtung Salzburg, Ausfahrt Oberhaching, ausgeschildert | **Tipp** Die Pestsäulen am Nord- und Südende von Straßlach sind stumme Zeugen von Pest, Hungersnot und Drangsal, die das Dorf im Mittelalter erlitten hat.

GROSSHESSELOHE

49_Das Isarfräulein
Wo das Klo noch Abort heißt

Neben der Theke stehen drei reichlich abgenutzte Plastikschalenstühle, die einst orange waren und aus der Zeit der Olympischen Spiele 1972 stammen. Damals standen sie in der U-Bahn-Station Olympiazentrum. Bis sie 1990 gegen Drahtsitze getauscht wurden. Die historischen Schalensitze sind heute begehrte und gesuchte Sammlerstücke! Und im »Isarfräulein« ein Symbol für die Leichtigkeit und bunte Fröhlichkeit des Lebens, für die Olympia 72 vor dem Attentat stand. Genau dieser Fröhlichkeit begegnet man hier. Alles ist ein bisschen schräg, verwinkelt und lässig. In allen Farben leuchtend, besonders in Türkis und Blau, den Farben des sommerlichen Meeres und der Natur.

Es gibt leckere selbst gemachte Kuchen und Limonaden und einen wirklich guten Kaffee! Die Sitzplätze außen und innen sind so unterschiedlich gestaltet, dass Familien, Gruppen, Paare und Einzelgänger ihr ureigenes Plätzchen finden.

Das Isarfräulein ist im ehemaligen Bahnhofskiosk untergebracht, überhaupt zeugt das ganze Umfeld noch von der Bahnhofsgeschichte, denn es lag einst an der Strecke München–Holzkirchen. Das alte Bahnhofgebäude nebenan steht unter Denkmalschutz, ebenso die zwei gleichartigen zweigeschossigen Wohngebäude aus Backstein mit Satteldach. Im Jahr 1962 hieß der Bahnhof auch mal kurzfristig »Neustadt«, denn da diente er als Kulisse im legendären Film »Gesprengte Ketten«. Hier in »Neustadt« hatte ein Teil der flüchtenden Kriegsgefangenen einen Wagen besetzt.

Etwa 400 Meter westlich des Bahnhofs findet man noch die alte Eisenbahnbrücke, auf der einst die Isartalbahn die zur Großhesseloher Brücke führenden Gleise kreuzte. 1854 wurde die Strecke, die Bayerische Maximiliansbahn, in Betrieb genommen.

Wer mal muss, geht schräg gegenüber auf den Abort des ehemaligen Bahnhofs – wo sonst sieht man noch dieses beinahe mittelalterliche Wort geschrieben?

Adresse Bahnhofsplatz 3, 82049 Pullach-Großhesselohe | **ÖPNV** Tram 15 oder 25, Haltestelle Großhesseloher Brücke, auf der anderen Straßenseite durch die Villengegend gehen, über die Großhesseloher Brücke, links an Schrebergärten vorbei, circa 10 Gehminuten | **Anfahrt** von München-Zentrum über die Grünwalder Straße | **Öffnungszeiten** Mi–So 11–18 Uhr | **Tipp** Die Waldwirtschaft, ein paar Gehminuten vom Isarfräulein entfernt, ist *die* Traditionswirtschaft der Region, wo schon im 19. Jahrhundert die Städter hinpilgerten. Hoher Promifaktor!

GROSSHESSELOHE

50 — Die Isarprinzessin
Dann schnitz ich mir halt eine Frau

Noch kennt sie kaum einer, man erfährt nur so vom Hörensagen von ihr, der Isarprinzessin. Manch ein Spaziergänger hält sie für eine Medusa wegen ihrer schlangenartigen Haare.

Sie liegt am Isarufer, in Sichtweite der Großhesseloher Brücke. Wie man hört, hat der unbekannte Künstler in Tschechien schon zwei Bäume zu einer Liebesbank zusammengefügt. Immer mehr Liebende sollen anreisen, um sich auf dieser Bank fotografieren zu lassen. Vielleicht wird so auch das Isarfräulein, das seit 2018 hier liegt, einmal ein ganz großer Star werden. Das Zeug dazu hätte die fotogene Dame.

An dieser Stelle der Isar ist noch beziehungsweise heute wieder zu sehen, wie der Fluss im 19. Jahrhundert aussah: Er war ein voralpiner Wildfluss, der sein Bett ständig von hier nach da verlagerte und gern auch mal über seine Grenzen trat. Dann begann die Kultivierung, er wurde begradigt, befestigt, systematisch ausgebaut – aus war es mit der wilden Romantik. Heute geht es wieder zurück ins 19. Jahrhundert, heute wird die Isar renaturiert.

Vielleicht ist die geheimnisvolle Schöne die gestrandete Isarnixe, die einst so manchen Flößer mit ihrem bezirzenden Tutli-i-i, Tutli-i-i in den Tod gelockt hatte. Sie soll wunderschön mit ihren großen grünen Augen und langen Haaren und ein verwunschenes Grünwalder Burgfräulein gewesen sein. Man hatte sie zur Strafe dafür, einen Verehrer als Beweis seiner Liebe in die Isar geschickt zu haben, für immer verwünscht. Von nun an lockte sie dort unten Menschen in ihr nasses Grab.

Ein Tal des Todes war die Isar an dieser Stelle unterhalb der Großhesseloher Brücke bis 1985, als die Brücke rundum vergittert wurde. 1877 war der erste Mensch von hier aus in den Tod gesprungen, seitdem folgten ihm Hunderte weitere. Der Brücke hafte ein »Odium und eine Suggestionskraft für Verzweifelte« an, so die »FAZ« seinerzeit.

Adresse Isarwerkkanal, 82049 Pullach-Großhesselohe | **ÖPNV** Tram 15 oder 25, Haltestelle Großhesseloher Brücke, auf der anderen Straßenseite durch die Gassen zwischen den Villen, über die Brücke, rechts, circa 1 Kilometer | **Anfahrt** A 995 Richtung Salzburg, Ausfahrt Oberhaching, dann Landstraße nach Grünwald | **Tipp** Auf der gleichen Uferseite unterhalb der Brücke herrscht Ronnie über sein Kioskreich.

51 Die Bavaria Filmstudios
Die spinnen

Die Kutsche wurde in Indien gefertigt, weil es da preiswerter war. Leider hat sie den Transport nach Deutschland nur schlecht überstanden, und so kam sie am Ende auf 120.000 Euro, 40.000 mehr, als die Anfertigung in Deutschland gekostet hätte. Das teure Stück war keine fünf Minuten im Film »Ludwig II.« von 2012 zu sehen, steht aber heute prachtvoll in den Bavaria Filmstudios.

Einen Raum weiter dann eine Andeutung des Wintergartens des Königs, man hätte zwar am Originalschauplatz in der Münchner Residenz drehen dürfen, theoretisch, doch der Wintergarten existiert gar nicht mehr. Für die – keineswegs originalgetreue –Nachbildung in Grünwald wurde ein Parkettboden in mühsamer Kleinarbeit auf alt geschrubbt.

Die Produktion war nach dem legendären Visconti-Film der 1960er Jahre die erste, die wieder in den bayerischen Schlössern gedreht wurde. Denn nach den Dreharbeiten Viscontis war erst mal Schluss mit dem Zugang zu ihnen. Zu viel war seinerzeit kaputtgegangen. Manche erinnern sich noch an eine Szene in Neuschwanstein, als Visconti kurzerhand eine Scheibe im Schloss einschlagen ließ, weil er mehr Licht brauchte.

In der Bavaria Filmstadt – sie ist eine der größten der Welt – wurde 1954 von Helmut Käutner ein weiterer legendärer Film über den Kini gedreht, ebenfalls mit dem Titel »Ludwig II.«. Der Drehbuchautor Georg Hurdalek meinte später: »Das Schönste an den Dreharbeiten war, dass alle, die damit zu tun hatten, ein bisschen zu spinnen anfingen.« An diese Zeit erinnert heute auf dem Gelände nichts mehr.

Der 2012 gedrehte Film sollte mit seinen 16 Millionen Euro Produktionskosten ein ungeheuer teures Werk werden. In der Presse ist er ohne Gnaden verrissen worden, und an der Kinokasse war er ein Flop. Helmut Berger hatte sich nach den Aufnahmen für den Visconti-Film in psychiatrische Behandlung begeben. Helmut Käutner hatte jahrelang Wahnvorstellungen.

Adresse Bavariafilmplatz 7, 82031 Grünwald | **ÖPNV** Tram 25, Haltestelle Bavariafilmplatz, von dort circa 10 Minuten Fußweg (entlang der Straße ein unterhaltsames Bavaria-Filmquiz!) | **Anfahrt** ab München-Zentrum über die Grünwalder/Geiselgasteigstraße | **Öffnungszeiten** täglich 9–18 Uhr, Jan.–März 9–17 Uhr | **Tipp** Die Villa Melbach an der Robert-Koch-Straße 43 ist das wohl prächtigste Anwesen in der Straße und Drehort des Derrick-Krimis »Der Tod der Kolibris«. Ebenfalls sehenswert ist die Villa in der Muffatstraße, die so aussieht, als würden hier die sieben Zwerge wohnen.

52 Das Jugendstildorf
Ein Muster von einem Dorf

Dachte man früher an Haar, dachte man an die Psychiatrie. Aber nicht an ein Dorf, das in seiner Bauweise ein kunsthistorisches Juwel war und ist. Denn Haar wurde im Pavillonstil erbaut, eine Epoche vom Ende des 19. bis zum Beginn des 20. Jahrhunderts, als Patienten in einem Dorf im Grünen und an der frischen Luft in kleinen Patientengruppen, also in kleinen separaten Häusern, gesund werden sollten. Die Gebäude waren funktional, ziemlich autark und ermöglichten den Chefärzten jener Zeit ein eigenständiges Arbeiten. Und weil das Ganze so modern und richtungsweisend war, wurde im allerneuesten Kunststil gebaut. Dem Jugendstil.

Dazu gehört auch die einzigartige Jugendstilkirche Maria Sieben Schmerzen, die 104 Jahre lang Krankenhauskirche war. Der regelmäßige Besuch der Gottesdienste sollte für die Patienten nicht nur Zuflucht sein, sondern ebenso Hilfsmittel zur Strukturierung des eigenen Alltags.

Das Hauptgebäude, wo sich heute die Gerontopsychiatrie befindet, wurde nicht mehr nach dem kleinteiligen Pavillonsystem gebaut, ist 300 Meter lang und somit nach dem Schleißheimer Schloss das zweitlängste Gebäude Bayerns. Überhaupt sind mehr als 100 Gebäude auf dem Gelände des Klinikums als Baudenkmäler in der Bayerischen Denkmalliste aufgeführt, darunter die 1905 errichtete Kirche St. Raphael, das von Gabriel von Seidl entworfene Direktionsgebäude, der zur Eigenversorgung und Arbeitstherapie errichtete Gutshof sowie ein Wasserturm südlich der parkähnlichen Anlage. Und alles umgeben von Gärten mit jahrhundertealten Bäumen. Das Areal Haar II wurde 2010 an eine Wohnbaugesellschaft verkauft und ab 2016 als Wohnanlage neu aufgebaut. In Haus 72 befand sich eine Kapelle im Keller, die selbst die Pfarrer vergessen hatten. Und die vor 15 Jahren nur durch Zufall entdeckt wurde. Ein weiteres Jugendstiljuwel auf dem Gebäude: das kleine Theater mit regelmäßigen Veranstaltungen.

Adresse Ringstraße 28, 85540 Haar | ÖPNV S 4, Haltestelle Haar, Ausgang Nord Richtung Krankenhaus, 20 Minuten Fußweg | Anfahrt B 304 in Richtung Ebersberg bis Haar, an der Kreuzung Vockestraße/Wasserburger Landstraße in die Einmündung Leibstraße | Tipp In Haar befindet sich das Bayerische Spielearchiv, das alle zwei Wochen in der Gemeinde den »Haarer Spieleabend« organisiert.

53 Das Psychiatriemuseum
Der Fall Oskar Maria Graf

Hundert Jahre musste die Psychiatrie in Haar bestehen, bevor hier 2005 das erste Psychiatriemuseum Deutschlands in der ehemaligen Direktorenvilla eröffnet wurde. Wurde auch Zeit! Vom 15. April bis zum 4. Dezember 1916 war in der Anstalt ein berühmter Patient, der Autor Oskar Maria Graf, untergebracht. Seine Diagnose: »Hysterie«. Eine psychische Krankheit, die heute nicht mehr diagnostiziert wird. Ob Graf ein Kriegspsychotiker, ein Simulant oder ein Wehrdienstverweigerer war, ist nicht mehr zu klären. Er selbst berichtete: »In der Heilanstalt besuchten mich meine Angehörigen. Als ich stotterte und in einem fort krampfartig lachte, fingen sie zu weinen an. Sie wussten nichts mit mir anzufangen.« Graf schilderte schriftlich den Alltag: »Einer führte den ganzen Tag Krieg und erklärte jedem die Lage der Schützengräben, den Stand der Truppen, schimpfte auf uns ›Etappenschweine‹ und gab gelegentlich dem Geistlichen oder einem der Wärter eine Ohrfeige. Dann gab es ›Dauerbad‹ auf der schweren Station. … Einer drückte unablässig sein Ohr wie einen Gummiball zusammen und riss zu gleicher Zeit den Mund so weit auf, dass die Kiefer knacksten. Das wäre das Gas, das ihm im Kopfe säße.«

Zwangsjacke, Zwangshemd, Zwangsstehen, Drehmaschine und Drehbett wurden 1969 per Direktionsanweisung abgeschafft als Symbol einer vergangenen, abstoßenden Epoche der Psychiatrie. Am eindrucksvollsten ist die Zeichnung des Mannes mit dem Ödipus-Komplex. Und die Wahnvorstellung der Frau, die sich als Braut von Eugenio Pacelli sah, dem späteren Papst Pius XII. Fragt man eine der Ehrenamtlichen, die jahrzehntelang selbst in der Klinik arbeitete und heute durch das Museum führt, mit welchem Exponat sie am liebsten fotografiert werden möchte, dann deutet sie ohne Zögern auf den Elektroschock, mit dem der Laie finstere Psychiatrie aus vergangenen Zeiten verbindet: »Der kann helfen, wenn sonst nichts mehr hilft.«

Adresse Vockestraße 76, 85540 Haar | **ÖPNV** S 4, Haltestelle Haar, 20 Minuten Fußweg zum Klinikum, beschildert; Bus 243 ab dem S-Bahnhof bis zur Haltestelle Isar-Amper-Klinikum | **Anfahrt** an der Vockestraße B 471 | **Öffnungszeiten** So 14–16 Uhr | **Tipp** Dem heiligen Antonius ist die Kapelle schräg gegenüber vom Museum gewidmet. Sie stammt aus dem Jahr 1808. Katholiken wissen: Antonius hilft!

HALLBERGMOOS

54 Der Tierfriedhof
Wir werden uns wiedersehen

Der fünf Meter hohe Jesus steht hier nicht nur als Beschützer der Toten, sondern auch als Provokation gegen die Scheinheiligkeit, wie der Besitzer des Friedhofs meint. Denn auf vielen Tierfriedhöfen Deutschlands seien christliche Symbole verboten. Aber hier auf dem Friedhof von Hallbergmoos hat sich noch kein katholischer Kleriker an dem hölzernen Gottessohn gestört. 40 Tonnen schwer ist das Abbild des brasilianischen Jesus, der seine Arme über Rio de Janeiro ausbreitet. Einst warb er in Markt Schwaben während der Weiherspiele für das Stück »Schnee am Zuckerhut«.

Auf dem Friedhof ruhen die Katze Ulli und der Hund Ullibulli, aber auch 14 Ratten, eine Schildkröte, ein paar Kaninchen und einige Papageien. Unter anderem Moschibur und Gocki. Selbst Pferde können – einzigartig in Deutschland – hier bestattet werden. Wie meint doch der Inhaber Wolfgang Müller: »Auf einem Friedhof, wo Menschen liegen, muss man sich manchmal blicken lassen. Aber hier, auf einen Tierfriedhof, kommt nur, wer wirklich trauert.« Selbst wenn Hund und Katz, Ratte und Kaninchen rechtlich gesehen nur Sachen sind. Und nach ihrem Ableben als Tierkadaver gelten, als Sondermüll. Wer das große Grab gekauft hat, das verschweigt Müller. Nur so viel: Es gehört einer sehr prominenten Person.

Öffentlich zugänglich ist der Friedhof nicht, nur wer ein Tier hier bestattet hat, der bekommt einen Schlüssel, um seinen Liebling jederzeit besuchen zu können. Man kann aber durch das Gitter auf den Friedhof blicken. Er ist ein Ort des Friedens, im wahrsten Sinne des Wortes. Und auch der letzten Ruhe, obwohl direkt daneben die S-Bahn vorbeifährt.

Die nächste Mission des Friedhofsbesitzers: Herrchen und Frauchen zusammen mit dem geliebten Tier in einem Grab zu bestatten. Es soll ja Menschen geben, die lieber mit ihrem Hund als mit ihrem Ehepartner die ewige Ruhe teilen möchten. Besonders beachtenswert: ein großes Grab im hinteren Teil, gleich einem Menschengrab.

Adresse Am Tierfriedhof 1, 85399 Hallbergmoos | **ÖPNV** S 8, Haltestelle Hallbergmoos, circa 100 Meter Fußweg | **Anfahrt** A 9, Ausfahrt Garching-Nord, Richtung S-Bahn-Station, neben Parkplatz | **Öffnungszeiten** 8–18 Uhr, nur bei Tageslicht | **Tipp** Die Verehrung von Tieren ist im Hinduismus Normalität: Also auf ins Restaurant India King am Rathausplatz. – Im Rathaus sind wechselnde Kunstausstellungen zu sehen.

HARLACHING

55 Eben!
Eine Zeitreise

Dies ist einer dieser Orte, an denen sich Geschichte kumuliert und der doch recht unscheinbar ist. Auf den ersten Blick jedenfalls.
Wer von München westwärts fährt, wundert sich über den goldfarbenen Schriftzug »Eben« an einer Hausecke in Richtung Stadelheimer Straße. Ein Firmenschild? Ein trotziger Bürgerspruch? Weniger auffällig dann, an den anderen Ecken der Anlage, die Begriffe »hoch« und »tief«, gefertigt aus verschiedenen Materialien. Der Betrachter soll immer zuerst das halbe Wort als abstrakte Zeichenfolge sehen und nach dem Weitergehen dann das ganze Wort erkennen.
Was hier so rätselhaft daherkommt, ist Kunst am Bau, und zwar am Baureferat der Stadt München. Wie eine Tafel im Erdgeschoss der Behörde erklärt, soll die Verwendung unterschiedlicher Typografien gegensätzliche Architekturstile und -epochen symbolisieren und somit auf die Geschichte wie auf die aktuelle Nutzung des Gebäudes hinweisen. »Tief« ist groß und schwerelos und dem Himmel zugewandt, »hoch« ist schwer und nach unten gewandt. Diese Gegensätzlichkeit finden wir auch bei der Materialwahl von Stahl und rostendem Eisen sowie vergoldetem Aluminium. Innen im Baureferat sehenswert ist die Wendeltreppe und ein Gedicht von Goethe, das sich über alle Fenster dahinzieht: »Über allen Gipfeln Ist Ruh'. In allen Wipfeln Spürest Du Kaum einen Hauch ...«
Die Geschichte des Gebäudes: Ende der 50er Jahre waren im Münchner Süden ganze Stadtteile von den Amerikanern beschlagnahmt, Siedlungen wurden gebaut und Straßenverläufe verändert. Bald sollte das Verhältnis zur fremden Besatzungsmacht in vielen Fällen in Freundschaft münden. 1992 war die amerikanische Periode zu Ende, und die Erinnerungen daran schwanden langsam. Geblieben ist aus dieser Zeit in der ehemaligen McGraw-Kaserne noch das denkmalgeschützte Café im heutigen Baureferat. Vollkommen schmucklos, aber eben ein historisches Relikt.

Adresse Tegernseer Landstraße 210, 81549 München-Harlaching | **ÖPNV** U 1, Haltestelle Mangfallplatz, nach links in Tegernseer Landstraße | **Tipp** Ganz selten besucht: Das Denkmal für die Geschwister Scholl im Gefängnis Stadelheim, wo sie hingerichtet wurden. Die Gedenkstätte ist öffentlich, nur sollte man sich zuvor anmelden. Eine sehr schöne Ecke von Giesing: die Mondstraße mit ihren alten Häusern und kleinen Ateliers direkt am Bach.

HEBERTSHAUSEN

56 Der SS-Schießplatz
Der »Untermensch«

Hier, auf dem 1937/1938 errichteten Schießplatz, zwei Kilometer nördlich vom Dachauer Hauptlager, ermordete die Lager-SS 1941 und 1942 über 4.000 sowjetische Kriegsgefangene. Dabei handelte es sich insbesondere um kommunistische Funktionäre und Angehörige der Intelligenz. Die Wand, vor der sie getötet wurden, steht noch immer da.

Ziemlich verborgen ist der Ort auch heute noch, zumindest ist er kaum ausgeschildert. Die Erschießungen sollten möglichst geheim stattfinden, weil nicht alle Deutschen sie gutgeheißen hätten und weil den eigenen Soldaten in Russland ja im Gegenzug das gleiche Schicksal blühen konnte. Die Lkw-Transporte, die Gewehrsalven und der Geruch aus dem KZ Dachau blieben dennoch nicht unbemerkt: »Furchtbar war es, wenn die zur Erschießung kommenden Russen ... auf Lastwagen stiegen, um zum Schießplatz gebracht zu werden. Mancher lächelte mich an. Eine Stunde später brachte der Lkw die Kleider zurück zur Desinfektion. Dann kamen die bei der Exekution tätigen SS-Unterführer zurück und sprachen im Dienstzimmer ungeniert über dieses Ereignis.« So ein Zeitzeuge.

Über die Verbrechen der damaligen Zeit informieren sehr gut gemachte Infotafeln. Und über die Biografien einzelner Opfer und Täter. Es war zum Beispiel ein Mediziner unter den Tätern, der später jahrzehntelang als unbescholtener Arzt eine Praxis betrieb. Es gab auch den Juden, den man weiter nach Auschwitz schickte, weil hier keine Juden umgebracht wurden. In Auschwitz überlebte er jedoch, wie durch ein Wunder. Besonders eindrucksvoll ist die Darstellung der Broschüre »Der Untermensch«, herausgegeben von der SS in den Jahren 41/42. In düsteren Farben wird da der »sowjetische Untermensch« als besonders brutal und gemein dargestellt. Damit sollte die Angst vor der Bedrohung durch die bolschewistische Gefahr aus dem Osten geschürt und der rassenideologische Vernichtungskrieg gegen die Sowjetunion gerechtfertigt werden.

Adresse Akazienring 19, 85241 Hebertshausen | **Anfahrt** A 9 (Nürnberg), dann A 99 bis Autobahnkreuz Feldmoching, A 92 bis Ausfahrt Oberschleißheim / Dachau, B 471 in Richtung Dachau, von der Gedenkstätte KZ aus Richtung Hebertshausen fahren, vor Hebertshausen links abbiegen | **Öffnungszeiten** rund um die Uhr | **Tipp** Neben der Gedenkinstallation befindet sich außerdem das ehemalige SS-Wachhaus, das heute von der Stadt Dachau zur Unterbringung von Obdachlosen genutzt wird.

57 — Die Viereckschanzen
Kultische Energieaufladung für die Kelten

Im Jahr 1896 war es, als der Kreisrichter Wilhelm Conrady aus Miltenberg etwas ausgesprochen Merkwürdiges entdeckte: eine beinahe quadratische Anlage mit einer Seitenlänge von 130 Metern, »nach allen Himmelsrichtungen ausgelegt«, innen von einem Erdwall und außen von einem Steinwall umgeben. Conrady begann an der Stelle zu graben, gab aber nach einer Woche auf, als er erkannte, dass die Anlage nicht römischen, sondern prähistorischen Ursprungs war. Sie stammte aus einer Epoche, die damals niemanden interessierte.

Und doch begann man seit der Entdeckung des Kreisrichters mit der Erforschung der Viereckschanzen und den Diskussionen um deren Deutung. Waren es keltische Gutshöfe, frühe römische Anlagen für Pferde, Verteidigungsanlagen oder Fliehburgen? Wobei die arbeitsamen Schwaben eher zur Gutshof-Theorie tendierten, die katholischen Bayern hingegen zur Kultstätten-Variante. Die meisten Schanzen scheinen bis heute unberührt zu sein, als Parkplatz benutzt oder mit Kasernen bebaut. Etwas mystisch angehauchte Menschen sehen in den Schanzen auch eine Art Instrument »kultischer« Energieaufladung für die Kelten, bevor sie sich in den Kampf mit den Römern stürzten. Denn ein längerer Aufenthalt im Energiefeld einer Schanze soll durch die energetische Überladung aggressiv machen, so die einen. Die anderen spüren hier viel Kraft. Geerdete Archäologen sprechen eher von einem »eingefriedeten ländlichen Gehöft« und einem »recht gut situierten Bauern«.

Ein Trost für Träumer: »Es ist ja keineswegs ausgeschlossen, dass die Kelten aus Traditions- und Glaubensgründen sowohl ihre ländlichen Gehöfte als auch ihre Kultanlagen mit quadratischen Einfriedungen umgaben, um sie deutlich sichtbar von der Umgebung abzugrenzen …« In Holzhausen konnte man zum ersten Mal die keltische Nutzung der Anlagen nachweisen, denn es wurden 35 Meter tiefe Opferschächte mit Resten von Blut und Fleisch gefunden.

Sonderformen keltischer Viereckschanzen

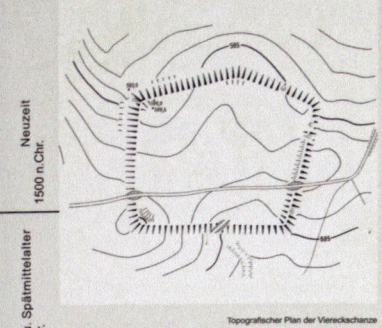

Topografischer Plan der Viereckschanze

Neben den meist quadratischen oder rechteckigen Grundformen gibt es eine ganze Reihe von abweichenden Grundrissen. Hierzu gehören trapezförmige oder unregelmäßig viereckige Anlagen. Einige wenige Schanzen sind fünfeckig. Trotz dieser Abweichungen in der Form zeigen alle Anlagen die charakteristischen Elemente wie Wall und Graben, den Eingang und die typische Ausgestaltung der Ecken.

Zu den Sonderformen gehören auch die so genannten Mehrfachschanzen, bei denen mehrere Wälle und Gräben miteinander kombiniert sind. Die Fläche dieser Anlagen liegt meist beträchtlich über dem Durchschnitt. Die beiden größten Schanzen Bayerns liegen bei Deisenhofen im Landkreis München. Sie erreichen mit Seitenlängen von bis zu 600 m und mit Flächen von 29 und 23 ha gewaltige Ausmaße.

Holzhausen 2

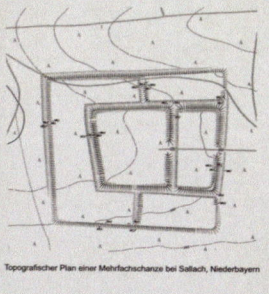

Topografischer Plan einer Mehrfachschanze bei Sallach, Niederbayern

Eine dieser seltenen Anlagen befindet sich hier. Sie stellt mit ihrer fünfeckigen Grundform eine Besonderheit dar. Nur fünf vergleichbare Schanzen gibt es in Oberbayern.

Die Wälle sind die markantesten und auffälligsten Teile. Im Gelände sind noch heute die Außenseiten mit 3,40 m Höhe besonders gut zu sehen. Vom Innenraum her steigen sie dagegen nur noch bis zu 0,70 m Höhe an. Die Seiten sind 43 m, 35 m, 51 m, 63 m und 52 m lang. Der Graben ist in weiten Teilen nicht mehr sichtbar und vollständig mit Erdmaterial verfüllt. Am auffälligsten ist sicherlich ein moderner Weg, der die Viereckschanze durchschneidet. An dieser Stelle konnte auch der Wallaufbau dokumentiert werden. Wie für Viereckschanzen üblich, besteht er aus einem Gemisch von Lehm und Kies. Einbauten, etwa aus Holz, die der Konstruktion eine bessere Stabilität verliehen hätten, fehlen.

Adresse Endlhauser Straße 9, 82064 Straßlach-Dingharting-Holzhausen | **Anfahrt** A 995, Richtung Salzburg, Ausfahrt Oberhaching, Richtung Oberhaching, vor Holzhausen rechts in den Feldweg, rechts halten, bis in den Wald, an der großen Kreuzung scharf links, nach 200 Metern links die Infotafel zur Viereckschanze | **Tipp** Besonders beliebt bei Hochzeiten ist das Wirtshaus zur alten Tram, im Biergarten kann man aber auch ohne Ringwechsel einkehren.

ISMANING

58 Die Caravelle
La rapide, la douce, la sûre

Der Vater Pilot, die Mutter Stewardess, da hat einer das Fliegen im Blut: Nils Alegren ist einer dieser Menschen, die vor Begeisterung für ihre Sache vibrieren. Alegren hat sich einer Caravelle verschrieben, einem Kultflugzeug der Air France, das 2005 für immer auf dem Boden gelandet ist. Mit viel Überredungskunst konnte er eine Maschine einem Museum in Frankreich abkaufen und hat sie dann in über 5.000 Arbeitsstunden zu dem gemacht, was sie heute ist. In Schweden konnte er noch Originalgeräusche von ihr aufnehmen, auf dass heute im Cockpit das richtige Caravelle-Gefühl aufkommt.

Hier stimmen auch die Details: der Trolley mit den Getränken und Snacks, die Flugzeugtoilette, die Uniformen der Stewardessen, Tapeten und Möbel aus den 1960er Jahren, der Hochzeit der Caravelle, und natürlich die Bordzeitschriften von damals. Am wichtigsten aber ist die Instrumententafel, die noch frei von jeglichen Computern ist.

Auf dem Sitz hinter dem Pilotenplatz dieser Maschine saß einst Charles de Gaulle, ein überzeugter Fan der Caravelle, der es sich nicht nehmen ließ, in Mexiko von einem großen Flieger in die Caravelle umzusteigen, um stilgerecht zum Staatsbesuch einzufliegen. Auch die Beatles sind im Januar 1964 mit dieser Caravelle namens »Poitou« von Manchester nach Paris geflogen. In der Maschine lag noch die Bordkarte von John Lennon! Alegren kann durch ein Foto beweisen, dass es tatsächlich genau diese Maschine war, mit der die Beatles geflogen sind. Auf dem Bild sieht man neben den Pilzköpfen einen »Flicken« an der Maschine, der mit dem identisch ist, den die Ismaninger Caravelle aufweist.

Sogar Piloten aus allen Teilen der Welt kommen nach Ismaning, um im Cockpit dieser Grande Dame zu fliegen und zu landen. Nur einer kam bis heute nicht: der Bürgermeister von Ismaning. Dabei ist das, was sich hier in einer unterirdischen Garage in Ismaning verbirgt, weltweit einzigartig.

Adresse Osterfeldstraße 27, 85737 Ismaning | **ÖPNV** S 8, Haltestelle Ismaning, ab Bahnhof rechts gehen, rechts in Osterfeldstraße, links gegenüber dem Hochhaus in die Einfahrt einer Tiefgarage | **Anfahrt** A 99 bis Ausfahrt Aschheim / Ismaning, Richtung Ismaninger Straße / B 471, Richtung S-Bahnhof, links in Steinheilstraße, rechts in Osterfeldstraße | **Öffnungszeiten** nach Vereinbarung unter Tel. 0151/221781 oder info@flycaravelle.com | **Tipp** Das Hallenbad von Ismaning hat nicht nur eine lichte Architektur, sondern auch zivile Eintrittspreise.

ISMANING

59 Das Schloss
Sonnenuhr und Kuchenbaum

Sie bilden eine kleine Idylle draußen im Münchner Nordosten: das Schloss und der Schlosspark von Ismaning. Das Schloss ist heute das Rathaus, der Kaisersaal wurde 1847/48 von Leo von Klenze entworfen und zeigt die Akropolis an der Decke. Innendekorationen von Leo von Klenze existieren nur noch in Petersburg und hier in Ismaning.

Am Schloss gibt es eine Sonnenuhr, eine traditionelle – und vor dem Schlossmuseum eine etwas ungewöhnlichere. Ganz einfach zu verstehen ist die nicht. Um die Zeit abzulesen, stellt man sich auf der Datumsskala zur Markierung des aktuellen Monats. Der eigene Schatten fällt nun in Richtung der Stundensteine und zeigt so die Zeit an. Die römischen Ziffern zeigen die Mitteleuropäische Zeit, die MEZ, die arabischen Ziffern die Mitteleuropäische Sommerzeit, die MESZ.

Im Schlosspark residiert in einem Nachbau einer klassizistischen Orangerie das Kallmann-Museum. Das Buchsbaumhecken-Labyrinth vor dem Museum wurde 2005 für die Bundesgartenschau geschnitten. Das Werk trägt den Namen »Topiary« und besteht neben dem Labyrinth aus 15 zu Quadraten und Kugeln geschnittenen Buchenbäumchen, die als Leitsystem zum Museum funktionieren. Topiary oder »ars topiaria« ist die schon in der Antike gepflegte Kunst, aus Bäumen und Hecken durch Formschnitte künstliche Gebilde zu schaffen. Vor dem Schlossmuseum steht links ein Umweltmammutbaum, Metasequoie oder Wassertanne genannt. Bis 1941 kannte man ihn nur von Fossilienfunden, bis im Jahre 1941 in einer unzugänglichen Bergregion in China ein noch lebender Baum entdeckt wurde.

Rechts des Museums ein unscheinbares kleines Bäumchen: ein 2011 gepflanzter Kuchenbaum. Man erkennt ihn an den herzförmigen Blättern und den roten Blattstielen. Der auch Katsurabaum genannte Kuchenbaum verdankt seinen Namen seinem nach Karamell und Lebkuchen duftenden Herbstlaub. Am besten riechen die Blätter, wenn man sie zerreibt. Der Baum existierte bereits vor 65 Millionen Jahren!

Adresse Schlossstraße 1, 85737 Ismaning | **ÖPNV** S 8, Haltestelle Ismaning | **Anfahrt** A 99 bis Ausfahrt Aschheim / Ismaning, Richtung Ismaninger Straße / B 471 | **Tipp** Man hat am Park die Wahl zwischen dem Café-Bistro im ehemaligen Marstall und der idyllischen Wirtschaft Alte Mühle.

60 Das Bajuwarendorf
Seifenkraut und Judenstrick

Im Garten wachsen bajuwarische Gewächse wie die Färberpflanze Kropp, mit deren klein gehackten Wurzeln man einst die Kleider rot färbte, oder das Seifenkraut, aus dessen Wurzeln die Bajuwaren Seife herstellten.

Das Völkchen der Bajuwaren lebte im Zeitraum vom 5. bis zum 7. Jahrhundert und war genau das, was der Bayer nicht gern hören möchte: ein Mischvolk. Reste ihrer Behausungen wurden in Kirchheim gefunden, und zwar in Form von Löchern im Boden. Von deren Umfang schlossen die Archäologen auf die Höhe der Behausungen. Mittelpunkt des dörflichen Lebens im Bajuwarenhof ist das Langhaus, gleichzeitig Wohn- und Haupthaus des Anwesens. Innen gibt es eine Feuerstelle und eine Sitzecke aus Holz. Das Dach ist mit Reet gedeckt, in langen, runden Bündeln hält es den Regen ab. Reet ist äußerst feueranfällig, deshalb hängt über der Feuerstelle ein großer Funkenschutz. Die Balken der Dorfhäuser werden von Judenstricken zusammengehalten, also von verholzten Weinrauten. Der Name hat nichts mit dem jüdischen Glauben zu tun, wie man vermuten könnte. Er geht auf das Wort Jutenstrick zurück, einen Strick aus Ruten.

Immer am letzten Sonntag im September, am Tag des offenen Denkmals, wird das Dorf zum Leben erweckt. Da wird geschmiedet und gehämmert, da werden Bogen gebaut, und es gibt Fladenbrot à la Bajuwaren.

Gegründet wurde der Hof von Archäologen, die in der Gegend Grabungen durchführten, am Leben erhalten wird er von ehrenamtlichen Helfern wie der Vorsitzenden des Fördervereins, Claudia Fischer, die so mitreißend über diese Zeit erzählen kann. Der Hof ist kein Disneyland, wo Ehrenamtliche Bajuwaren spielen, sondern ein archäologisches Langzeitprojekt. Für Kinder gibt es Führungen, bei denen sie auch lernen, wie ein Archäologe arbeitet. Da dürfen sie selbst Waffen, Schmuck und ein Skelett – alles aus Kunststoff – ausbuddeln.

Adresse Museumsgelände, Bajuwarenstraße 11, 85551 Kirchheim-Heimstetten | **ÖPNV** S 2, Haltestelle Heimstetten; Bus 263, Haltestelle Räterstraße | **Anfahrt** A 99, Ausfahrt Kirchheim, links Richtung Heimstettener Moosweg, im Kreisverkehr 1. Ausfahrt Heimstettener Moosweg, links auf Bajuwarenstraße, Räterstraße | **Öffnungszeiten** Mai – Sept. So 11 – 17 Uhr, Termine für Führungen unter www.bajuwarenhof.de | **Tipp** Eine gute Ergänzung ist das AschheiMuseum in Aschheim, in dem es unter anderem die keltische Göttin Athene – vielleicht seinerzeit ein Mitbringsel aus Griechenland? – sowie medizinisch genutzte Armringe zu sehen gibt.

61 König Ludwigs Luftschloss

Der höchste Punkt im Münchner Süden

Grandios der Blick bis hin zu den Chiemgauer und Ammergauer Alpen. Grandios der Blick von den Holzbänken auf die Lindenallee und auf die Wiesen, wo wohl das Schloss stehen sollte. König Ludwig I. soll kurz vor seinem Tod geplant haben, hier auf der Ludwigshöhe, am Ende der Lindenallee, eine schlossähnliche Villa zu errichten. So die eine Version der Geschichte. Die andere lautet, dass es sein Enkel Ludwig II. war, der hier ein Schloss erbauen wollte und schon mal die Lindenallee angelegt hat. Man würde es ihm zutrauen, denn einen solch genialen Sinn für schöne Orte hatte nur er. Und hatte er nicht einst die Linde in Schloss Linderhof stehen lassen, obwohl sie nicht in die Symmetrie eines barocken Parks passte? Und gehörten Lindenalleen nicht zu vielen Schlössern? Es liegt also nahe, dass Ludwig II., der Schlösslebauer, diese Allee hat anlegen lassen. Auch wenn er sie sicher nicht für das Baille-Maille-Spiel vorgesehen hatte, wie einst in der Barockzeit. Der Sonnenkönig war ein Anhänger dieses Spiels – eine Art frühes Croquet – und Ludwig II. wiederum ein Anhänger des Sonnenkönigs.

Ein Forscherteam von Historikern der Universität München ist der Königs-Legende auf den Grund gegangen. Es wurde eine umfangreiche Analyse der Korrespondenzen von Ludwig I. mit seinem Architekten Leo von Klenze durchgeführt. Die Sichtung der über 1.000 Briefe ergab, dass es nie einen Plan von König Ludwig I. zur Errichtung einer Villa gegeben hat. Was aber ist mit König Ludwig II., der als Namensgeber und Bauherr viel näherliegt? Das wäre noch zu erforschen, in des Volkes Seele aber bleibt er der Schöpfer der Allee und der Villa – eines Luftschlosses in einer Traumlandschaft, wie sie nur König Ludwig II. entdecken konnte.

Eine aussichtsreiche Wanderung führt von der Ludwigshöhe in den Süden durch Moor und Wald zum Deininger Weiher.

Adresse Ludwigshöhe 3, 82064 Straßlach-Kleindingharting | **Anfahrt** A 95 Garmisch-Partenkirchen, Ausfahrt Schäftlarn, Richtung Schäftlarn/Wangen, links auf Starnberger Straße, im Kreisverkehr 3. Ausfahrt, am Wagnerfeld, rechts auf Wangener Weg, links auf Starnberger Straße, weiter auf Klosterstraße, links, rechts, weiter auf Schäftlarner Straße, rechts auf Ludwigshöhe | **Tipp** Das Gasthaus Waldhaus am Denninger Weiher liegt nicht nur idyllisch, es ist auch wunderschön eingerichtet, und das Essen und der Service stimmen!

62 Die Eisenkapelle
Ihr Geisterlein kommet, oh kommet doch all

Da geht einer spazieren und entdeckt immer mal wieder Flakons, Inri-Wapperl (für Nichtreligiöse: die Schilder, die über dem gekreuzigten Jesus angebracht sind) und Bruchstücke von schwarzem Schiefer, wie man ihn für Dachziegeln verwendet. Die Neugierde des Spaziergängers, des Kunstglasers Sebastian Weiss, war geweckt. Seine Recherchen ergaben, dass hier, in der Nähe des heutigen Indianerzeltplatzes, einst eine Kapelle stand. Wie die aussah, konnte Weiss anhand eines alten Ölgemäldes nachvollziehen. In der Münchner Monacensia fand er weiter heraus, dass von Wunderheilungen in dieser Kapelle berichtet wurde. So pilgerten mehr und mehr Menschen hierher und brachten auch ihre Bitt- und Dankesgaben dar – gelegentlich findet man in der Umgebung noch ein Bruchstück davon.

Der örtliche Pfarrer hielt von diesem »Heidenkram« allerdings wenig und weigerte sich, die Kapelle zu segnen. 1823 wurde sie dann endgültig abgerissen.

Nur 460 Meter vom damaligen Standort hat Sebastian Weiss sie wiederaufgebaut. Als Baumaterial verwendete er all das, was er gefunden hat: verrostete Zahnräder, Schraubenschlüssel, ein Fahrrad, einen siebenarmigen jüdischen Leuchter, Schlüssel oder ein Yin-Yang-Symbol. Die Bauern aus der Umgebung haben auch noch die eine oder andere Ladung Schrott vorbeigebracht und somit das filigrane Bauwerk unter anderem mit Mistgabeln, Felgen und einem Traktorsitz ergänzt.

Im Chorraum blickt ein scheinbar schwebender Christus auf den Betrachter herab, daneben ein alter Telefonhörer. »Du sprichst und Gott hört zu«, so Weiss. Auch wenn kein Geistlicher bei der Einweihung dabei war, Gott ist auch so dort.

Sieben biblische Jahre Bauzeit brauchte es für dieses für Wolken, Sonne, Regen, Wind und Sterne offene Gotteshaus. Eintritt: ein mitgebrachter Stein. Alles andere auf Spendenbasis.

Adresse Lußsee, 81249 München-Langwied | **ÖPNV** S 3, Haltestelle Lochhausen, links in Langwieder Straße, links in Eschenrieder Straße, geradeaus in die Kreuzkapellenstraße; ab 24 Grad Lufttemperatur Badebus des MVV | **Anfahrt** A 8 Richtung Stuttgart, Ausfahrt Raststätte Langwied mit Parkmöglichkeiten bei Tipi-Platz in der Kreuzkapellenstraße | **Öffnungszeiten** jederzeit zugänglich | **Tipp** Die Langwieder Heide zählt zu den wertvollsten Magerrasenflächen in München.

MAISACH

63 Das Räuber Kneißl Museum

D' Woch fangt scho guat o

Zuerst das Kulinarische vor dem Kriminellen: Die Kasspatzn im Maisacher Bräustübl sind höllisch gut. Cremig weich mit Sahne, flankiert einerseits von gerösteten und andererseits von gedünsteten Zwiebelringen. Dazu ein gemischter Salat, der ungemein würzig angemacht ist – umso bemerkenswerter, als gut angemachte Salate nun so gar keine bayerische Spezialität sind. Über allen Tischen hängen Wolken aus Hopfenblüten. Aus denen wird das Räuber Kneißl Dunkelbier gebraut.

Und nun in die kriminelle Unterwelt, ins Räuber Kneißl Museum im Keller. Er wurde am 12. Mai 1875 in Unterweikertshofen als Sohn eines ebenfalls berühmten Räubers geboren. Mathias Kneißl, auch »bayerischer Robin Hood« genannt, galt schon zu Lebzeiten als Volksheld wegen seines räuberischen Lebens und Aufbegehrens gegen die Obrigkeit.

Im Kellermuseum sind das Fahrrad des Räubers, eine täuschend echte Räuberpuppe mit seinen Originalkleidern, das Güllefass, in dem er sich der Legende nach versteckt haben soll, und Zeitungsausschnitte aus jener Zeit zu sehen. Aber auch der geraubte Schmuck und seine Waffen. Als man Mathias Kneißl nach fast zwei Jahren mit Hilfe von 60 Polizisten gefasst hatte, wurde er in Augsburg wegen Mordes zum Tode verurteilt. Kneißl war von seiner eigenen Cousine verraten worden. Er soll vor seiner Hinrichtung noch den Satz gesagt haben: »D' Woch fangt scho guat o.« Was insofern bemerkenswert ist, als er an einem Freitag hingerichtet wurde! Ein Nachbau der Guillotine, mit der er am 21. Februar 1902 hingerichtet wurde, ist im Kellermuseum aufgestellt. Und wenn man die Klappe der Gefängnistür da unten öffnet, dann sieht man »eine der größten Verbrechervisagen«!

Makabres Nachspiel: Kneißls Mutter hat die Leiche ihres Sohnes für 60 Mark gekauft. Ohne Kopf. Der ist heute verschollen.

Adresse Hauptstraße 24, 82216 Maisach | **ÖPNV** S 3, Haltestelle Maisach, 5 Minuten Fußweg | **Anfahrt** 20 Kilometer westlich von München an der B 471, Abfahrt Gernlinden | **Öffnungszeiten** täglich 11.30 – 21 Uhr | **Tipp** In der kleinen Picherei der Brauerei Maisach werden einige Holzfässer noch immer in dem aufwendigen Verfahren mit Pech und Hitze abgedichtet. Wer das sehen will, bucht am besten eine Brauerei-Führung unter www.brauerei-maisach.de … oder entlockt dem netten Bräustüberl-Wirt den Schlüssel.

MARIABRUNN

64 Die Heilquelle
Wo Sisi kalte Duschen kriegte

Das Wunder von Mariabrunn begann an einem Mittwoch des Jahres 1662. Ein Waldarbeiter namens Georg Schlairböck war durch seine Arbeit im Forst sehr durstig geworden und trank aus der erst kurz zuvor entdeckten Quelle. Und siehe da, bald stellte sich heraus, dass die Quelle nicht nur seinen Durst gestillt, sondern ihn auch von seinen jahrelang andauernden Bauchschmerzen geheilt hatte. Das sprach sich alsbald herum, und die Wallfahrt nach Mariabrunn begann.

Im Jahr 1808/09 reiste König Max I. von Bayern mit seiner Tochter Elise Ludovika nach Mariabrunn, und die kam hier im wahrsten Sinne des Wortes wieder auf die Beine. Die Prinzessin und spätere Königin von Preußen konnte dank der Wunderquelle fortan ohne Krücken gehen, die sie gleich in Mariabrunn zurückließ, wo sie heute noch in einer Nische der Kirche stehen.

1862 kaufte die »Doktorbäuerin« Amalie Hohenester das Anwesen und befreite Patienten aus ganz Europa mit Hilfe des heilenden Wassers von ihren Leiden. Bis zu ihrem Tod wurde sie von den Geheilten wie eine Heilige verehrt. Zur ihren Patienten zählte auch Kaiserin Sisi von Österreich, die sich hier brutalen Kaltwasserduschen unterwarf und eine strenge Diätkost einhielt.

Zu einer Zeit, als die Menschen immer weniger an Wunder denn an die Wissenschaft zu glauben begannen, entdeckte dann der kurfürstliche Leibarzt Dr. Anton Leuthner Spuren von Kalkerde, Ockererde, Erdsalz und Eisen im Heilwasser. Das Geheimnis war gelüftet, doch bis heute ist es ein mystischer Ort geblieben. Hier findet man auch eine schwarze Madonna, eine Nachbildung der berühmten, hochverehrten Schwarzen Madonna von Tschenstochau in Polen. Und laut einer päpstlichen Überlassungsurkunde sollen sich in der Kirche unter anderem Reliquien der Heiligen Bernhard von Clairvaux, Philipp Neri und Rochus und der heiligen Äbte Hilarius und Aegidius befinden.

Adresse Gut Mariabrunn 3, 85244 Mariabrunn | **ÖPNV** S 2, Haltestelle Hebertshausen oder Röhrmoos, 24 Minuten Spaziergang | **Anfahrt** A 99 bis Dreieck München-Feldmoching, dann A 92 Richtung Flughafen, Ausfahrt B 471 Dachau, Hackermoos, bei Hebertshausen links abbiegen auf St 2339, durch Ampermoching, Beschilderung folgen | **Tipp** Der Biergarten von Gut Mariabrunn gilt als einer der schönsten Biergärten Bayerns.

MARTINSRIED

65 Das Adolf-von-Baeyer-Denkmal
Soll er weiter blau machen

Eine nicht ganz einfache Aufgabe war es für den Maler Stöger, die Venusgrotte von Schloss Linderhof im richtigen Capriblau erstrahlen zu lassen. Als sich eines Montags König Ludwig II. die Fortschritte in der Grotte anschauen wollte, war der Maler nicht da. Ludwig fragte den Hilfsarbeiter, wo Stöger denn sei. »Der macht blau, Majestät!«, war die Antwort. Ludwig, dem diese Redensart nicht bekannt war, antwortete: »Ah! Das ist recht, der soll nur weiter blau machen!«

Für seine »Blaue Grotte« wünschte sich Ludwig ein strahlendes, originales Capriblau. Doch die zahllosen Experimente, die Hofmaler Otto Stöger und Chemiker Max Edelmann in einem in der Grotte eingerichteten Labor durchführten, stellten König Ludwig nicht zufrieden.

Den vom König gewünschten Lichteffekt erzielte dann schließlich die heutige Großindustrie: Es war der Chemieprofessor Adolf von Baeyer, Nachfolger des Justus von Liebig auf dem Münchener Lehrstuhl für Chemie, der sich hilfesuchend an die BASF (Badische Anilin- und Sodafabrik) in Ludwigshafen wandte. Der Mitbegründer des jungen Unternehmens, Heinrich Caro, tat alles, um zu helfen, ein blaueres Blau für seine Majestät zu erzeugen. Ob es ihnen je gelungen ist, Ludwig zufriedenzustellen, ist nicht überliefert. Aber die BASF meldete 1890 ein Patent zur künstlichen Herstellung von Indigo an.

Und ebenjenes Indigo wurde später für das Einfärben der Jeans benutzt. Auch soll Indigo Bestandteil eines Medikaments sein, mit dem man heute die Krankheit von Ludwigs Bruder Otto heilen könnte. Aber das ist eine andere Geschichte …

So wie mit Adolf von Baeyer einst eine große Wirtschaftsgeschichte begann, so scheint auch auf diesem neuen Life Science Campus die Zukunft von Wissenschaft, Wirtschaft und Gesellschaft zu liegen.

Adresse Fördergesellschaft IZB, Am Klopferspitz 19, 82152 Planegg-Martinsried | **ÖPNV** U 6, Endhaltestelle Klinikum Großhadern; Bus 266, Haltestelle IZB | **Anfahrt** A 96, Ausfahrt Gräfelfing, Richtung Gräfelfing/M.-Pasing, links abbiegen auf Am Haag, rechts auf Lochhamer Schlag, weiter auf Neurieder Weg, links auf Würmtalstraße, rechts auf Am Klopferspitz, auf Besucherparkplatz | **Tipp** Auf dem nördlichen Campus steht ein 26 Meter hoher, futuristischer Turm, zu dem nur Spitzenforscher und Geistesgrößen Zutritt haben. Im Erdgeschoss, im »Seven and More«, können auch »Normalos« exquisite französische Küche und ein preiswertes Mittagsmenü genießen.

66 Die Kolonie
Dort draußen am Ende der Stadt

Da kann keiner sagen, er habe nichts gewusst oder geahnt angesichts von 30.000 Zwangsarbeiterlagern in Deutschland, die es während des Dritten Reichs gegeben hat. 30.000! Unglaublich: Nur noch steinerne Hüllen dieser dunklen Geschichte sind übrig geblieben, die in Berlin-Schöneberg und die in München. Ganz am Ende der Stadt, am äußersten Rand von Neuaubing, lag das Lager, weitab vom Schuss. Von den ehedem neun Baracken stehen noch acht. Während des Kriegs arbeiteten 800 bis 900 Zwangsarbeiter für die Reichsbahn, und das bei zehn Stunden Schwerstarbeit im Dornier-Werk oder im Ausbesserungswerk. Gelegentlich arbeiteten sie auch für die Nachbarn, von denen es das Wichtigste – Essen – als Entlohnung gab. Nach dem Krieg war die Anlage Flüchtlingsunterkunft, dann im Besitz der Deutschen Bahn, die jedoch Mitte der 1980er Jahre die Pflege des Geländes einstellte. Was sich im Nachhinein als Glücksfall erwiesen hat, denn so blieben die Baracken erhalten. Gleichzeitig entstand hier ein wahres Biotop.

Hier hat sich eine Gemeinschaft von Handwerksbetrieben und Künstlern niedergelassen, die man in dieser Art eher in Berlin als am Rande Münchens erwartet. Jeden ersten Samstag im Monat ist das Künstlercafé geöffnet. Dann kann man auch in den Keller des Lagers gehen, in dem eine Künstlerin der Kolonie das Grauen von einst thematisiert hat. Auf Mullstreifen sind Aussagen ehemaliger Lagerinsassen aufgedruckt. Eine der Baracken wurde im Mai 2015 als Erinnerungsstätte eröffnet. Was die Künstlerkolonie betrifft, so kann man nur hoffen, dass sie bleiben wird.

Das Dornier-Werk in Neuaubing war eines von insgesamt sieben Werken. Ab 1937 wurden hier die Nachtjäger Do 215 produziert, ab 1941 dann der schwere Bomber Do 217, der 1942 bei den sogenannten Baedeker-Angriffen eingesetzt wurde. Diese hießen so, weil sie im Baedeker aufgeführte kunsthistorische Städte zerstören sollten.

Adresse Ehrenbürgstraße 9, 81249 München-Neuaubing | **ÖPNV** S 8, Haltestelle Freiham, in Fahrtrichtung rechts, stadteinwärts Ausgang Anton-Böck-Straße zur Unterführung, links zur Kreuzung Bodenseestraße/Anton-Böck-Straße, Wiesentfelser Straße bis zur Einmündung der kleinen Straße rechts | **Tipp** Das Heizkraftwerk Aubing soll vom Lost Place zum Kulturplatz umgestaltet werden. Auf Gut Freiham ist das alte Schloss schon restauriert, und nach und nach wird hier ein ganzes Dorf zu neuem Leben erweckt. Über das Projekt informiert eine Ausstellung in einer Scheune im Dorfkern.

67 Der Stierspringer-Treff
Auf'd Goschn gfoin

München ist eine Skateboard-Stadt. An die 40 Skateboard-Anlagen gibt es hier. Kinder und Jugendliche unterschiedlichen Alters, unterschiedlicher Herkunft und Religion kommen hier zusammen. Und viel braucht es nicht dazu; das Skateboard, einen Helm und los geht's.

Eine der neuesten Anlagen ist die in Neuaubing, sie gilt als architektonisch besonders gelungen. Entwickelt wurde sie von Landschaftsarchitekten gemeinsam mit den Skatern. Und sie wird so gut angenommen, dass manche schon von außerhalb anreisen, um hier ihre Sprünge zu machen. Mit Fahrstraßen, Half- und Quarterpipes auf einer Fläche von 700 Quadratmetern ist die Anlage eine der größten der Stadt. Die Anfänger und Fortgeschrittenen, Streetskater und Transition-Skater, Inliner und BMX-Fahrer wissen zu schätzen, dass die Anlage dank ihrer Kombination aus geformtem Stahl und Spritzbeton keine gefährlichen oder störenden Kanten hat – so die Architekten. Amöboid ist das Design, also von wechselnd runder Gestaltung.

Auf der Anlage steht eine merkwürdige Figur, die die Skater nicht sehr erfreut. Sie wissen nichts Rechtes damit anzufangen. Vielleicht soll sie auch nur ein Symbol sein für das, was hier stattfindet: die waghalsigen Sprünge junger Menschen. Wie damals in Knossos auf Kreta zur Minoerzeit, als junge Männer über Stiere sprangen. Heute bekannt als die »Stierspringer«. Deren Symbol, das Stierhorn, steht noch heute in Knossos.

Rund um die »Stierspringer« sind Böschungen, Rasen und ein Vorplatz als Aufenthaltsbereich eingerichtet, und ein 435 Meter langer und drei Meter breiter Fuß- und Radweg führt um die Anlage herum. An die Zuschauer ist also auch gedacht worden. Vizebürgermeister Josef Schmid hat bei der Einweihung des Skateparks gesagt, es sei schon vorgekommen, dass sein Sohn beim Skaten »a scho ab und zua auf'd Goschn gfoin is«. Ehrlich gesagt: *Das* finden die Zuschauer immer interessant.

Adresse Am Gleisdreieck, 81243 München-Neuaubing | **ÖPNV** S 8, Haltestelle Neuaubing, links am Antikmarkt vorbei Richtung OBI, 10 Gehminuten | **Tipp** In Richtung Bahnstation Neuaubing liegt das interessante Gebäude des ehemaligen Schlafwagenwerks, wo auch der Orientexpress gewartet wurde. Heute ist ein Antikmarkt darin untergebracht. Vorsicht: Nicht das missverständliche zweifelhafte »Kunstwerk« davor fotografieren, das gibt Ärger.

NEUFAHRN

68 Der Grieche
Keine griechische Tragödie

Allein wegen der Namensgebung »Onassis« verdient dieses griechische Restaurant eine Aufnahme in dieses Buch! Denn er weicht von dem ewigen Sirtaki-Sorbas-Image ab, das noch am Griechenlandbild klebt. Die griechischen Lokale der ersten Einwanderergeneration hießen Akropolis, Athen, Delphi, Olympia und Poseidon – es waren die Jahre der Altphilhellenen, die nicht nur Altgriechisch lernten, sondern auch vom antiken Griechenland träumten.

Dann kamen die 1980er Jahre, als wer auf sich hielt nicht pauschal, sondern mit dem Rucksack auf dem Rücken von griechischer Insel zu griechischer Insel »hüpfte«. Immer mit dem »Alexis Sorbas« im Gepäck. Mykonos, Rhodos, Korfu und Hellas hießen damals die griechischen Tavernen, getreu dem Trend, in die griechische Inselwelt zu reisen.

Zuvor gab es eine kurze Phase in der griechischen Geschichte, die noch den Fuß in der Antike hatte. Deren Repräsentant war Aristoteles Homer Sokrates Onassis, der mit seiner Maria Callas die ganz große griechische Tragödie der Antike lebte. Der Odysseus der Neuzeit durchkreuzte stets die Meere, durchtrieben und schlau. Und Maria Callas war seine Penelope, in Paris auf seine Heimkehr wartend.

Ganz konsequent sind die wesentlichen Dekoteile im Lokal Fotos von Onassis und Callas und von Jackie Onassis, ein hölzernes Boot und als Reminiszenz an die Antike die weißen Säulen. Alles frei von folkloristischem Kitsch. Draußen auf der großen Freifläche an der Wand dann doch die Griechenlandklischees: Bilder von den Inseln, helles Licht und blaue Kuppeln, Komboloi und Ouzo. Und das ist ja dann doch der reine Urlaub.

Wenn sich auch die Namensgebung der griechischen Lokale im Laufe der Jahre geändert hat: Die Grundgerichte sind die immer gleichen geblieben, allerdings hier im Onassis feiner und schöner dargereicht als in den 1970er Jahren.

Adresse Restaurant Onassis, Marktplatz 11a, 85375 Neufahrn | **ÖPNV** S 8, Haltestelle Neufahrn | **Anfahrt** am Autobahnkreuz Neufahrn auf die A 92 Richtung Flughafen München, Ausfahrt Freising-Süd, links auf die Münchner Straße Richtung Neufahrn | **Öffnungszeiten** täglich 11.30 – 14.30 und 17.30 – 24 Uhr | **Tipp** Wilgefortis, die tapfere Jungfrau in der Kirche von Neufahrn, könnte manch einer mit Conchita Wurst verwechseln. Die bärtige Frau am Kreuz machte Neufahrn bis in die 1920er Jahre zu einem bedeutenden Wallfahrtsort.

NEUPERLACH

69 — Die Mauer
Grenzt euch ab! Mauert euch ein!

Die letzte Mauer, die es weltweit in die Medien gebracht hat, war die von Donald Trump. Dann wurde sie durch die von Neuperlach verdrängt. Die ist kleiner als jene des amerikanischen Präsidenten, dafür aber schon fertig. Ob sie wirklich nötig war, steht auf einem anderen Blatt. Vielleicht hätte man sich in Neuperlach an das amerikanische Sprichwort halten sollen: »Ich gehe über die Brücke, wenn ich dort bin.«

Es fing an mit dem Bau eines Flüchtlingsheims gegenüber einem Wohngebiet in Neuperlach, in dem junge Asylsuchende untergebracht werden sollten. Und eine Menge Lärm machen würden, wie man in Neuperlach fürchtete. Also klagten sieben Anwohner, bekamen Recht, und die Mauer wurde gebaut. Vier Meter hoch, diese Höhe hatte ein Schallschutzgutachten empfohlen. Die Mauer brachte es sogar in eine Kunstausstellung im Münchner Lenbachhaus.

Unbekannte sprühten Statements wie »Build bridges not walls« (Baut Brücken, keine Mauern) und »Walls create strangers« (Mauern erzeugen Fremde) in Großbuchstaben auf die in Drahtkörben gestapelten grauen Steine. Weil eine Entfernung des Schriftzuges nicht nur Geld kostet, sondern, so die Vermutung des Sozialreferats, auch neue Beschriftungen nach sich ziehen würde, ließ man die Schmierereien stehen. Zum Verdruss einiger Anwohner. Auch Hauswände in der Nachbarschaft wurden beschmiert.

Eigentlich ist es keine Mauer, die da verläuft, sondern ein »großer Käfig«. Denn diese Art von mit Steinen gefülltem Drahtgeflecht heißt Gabione, der Name kommt von »gabbione«, Italienisch für »großer Käfig«. Bereits im Mittelalter dienten geflochtene Körbe, gefüllt mit Steinen, als militärisches Bollwerk gegen Feinde. Genau diese »gabbione« sind heute allerorten in den Vorgärten zu sehen. Es wird gemauert ohne Ende. Mittlerweile sind afrikanische Flüchtlingsfrauen mit ihren Kindern eingezogen. Die Mauer in Neuperlach im Rückblick: viel Lärm um nichts.

Adresse Nailastraße 10, 81737 München-Perlach | **ÖPNV** U 7, Haltestelle Neuperlach Zentrum | **Tipp** Kaum bekannt ist die historische Keltenschanze aus der Zeit um etwa 500 v. Chr. mit einem Lindenhain, die südöstlich des Sees auf dem Perlacher Friedhof zu finden ist.

OBERHACHING

70 — Der Steinbruch
Der Hexentanzplatz

Die Zeiten, als hier jahrhundertelang Baumaterial für die Stadt gewonnen wurde, sind vorbei. Auch die Kletterer, die hier gern hochkraxelten, haben längst anderswo ihre Wände gefunden. Und so haben die Hexen diese Zauberwelt wieder für sich.

Die 115 Meter hohen, steil abfallenden und zerklüfteten Felswände umrahmen die Lichtung im Wald wie ein Amphitheater. Oben krallen sich Bäume an den Abgrund, das Ganze ausgeleuchtet von einem fast mystischen grünen Licht.

Die Form des Amphitheaters entstand durch den Abbau von Nagelfluh, dem Material, aus dem das Fundament der Frauenkirche und auch das Isarhochufer gebaut ist. Das poröse, wasserdurchlässige Material bildete sich in der Eiszeit durch eine glaziale Abflussrinne, durch die einst die Isar strömte. Die mächtigen Gletscherströme beförderten über einen langen Zeitraum hinweg Felsbrocken in verschiedenen Größen von den Alpen in die Ebenen und schliffen sie auf ihrem weiten Weg zu abgerundeten Kieseln. Das Flussbett trocknete mit der Zeit aus, und die Steine wurden in den Kalk »eingebacken«. Der Herrgottsbeton war entstanden: ein schlecht gerüttelter Waschbeton, in dem man noch die abgerundeten Gesteinsbrocken erkennen kann. Im Mittelalter wurde das Gestein in Schwerstarbeit mit Eisenstangen abgebaut, von Frauen und Kindern zerkleinert – manche wurden dabei von herabfallenden Felsen erschlagen – und mit Ochsengespannen abtransportiert. Im Gleißental wurde der Herrgottsbeton bis Anfang des 20. Jahrhunderts abgebaut.

Schon sehr stark verwittert sind die Geologischen Orgeln, röhrenförmige, vertikale Felsformationen, die ein bisschen wie Orgelpfeifen aussehen und durch lang andauernde Verwitterungsprozesse entstanden sind. Ende des 19. Jahrhunderts waren sie ein beliebtes Ausflugsziel für Münchner Sommerfrischler wie Carl Spitzweg. 1958 wurden hier Szenen des Films »Das Wirtshaus im Spessart« gedreht.

Adresse Stefanienstraße, 82041 Oberhaching | **ÖPNV** S 3, Haltestelle Deisenhofen, links Unterführung, links die Treppe, in Fahrtrichtung rechts der Stefanienstraße, vom Pkw-Wendeplatz abwärts in den Wald, geradeaus, an der etwas schiefen Wegkreuzung links, an der Abzweigung rechts, nach circa 80 Metern links | **Anfahrt** A 995, Ausfahrt Oberhaching, Richtung Dietramszell, nach circa 50 Metern rechts, Richtung Dietramszell, geradeaus, circa 3,6 Kilometer von der Autobahn entfernt auf einer Brücke über die S-Bahn-Schienen, rechts ab in Richtung Bahnhof Deisenhofen, nach 500 Metern links in die Stefanienstraße bis zum Wendeplatz, weiter zu Fuß | **Tipp** Ein Hingucker ist der historisierende Wasserturm in Oberhaching. In Taufkirchen steht ein kleines »Keltenhaus«.

OBERMENZING

71 Das Michael-Ende-Museum

Tu, was du willst!

Einen besseren Ort für das kleine Wunderwelt-Museum als das mittelalterliche Wasserschloss Blutenburg in Obermenzing könnte man kaum finden. In einem verwunschenen Mansardenraum mit Blick auf zwei Türmchen und den See mit Schwänen sind im 1998 gegründeten Museum Stücke aus Michael Endes wundersamer Privatwelt ausgestellt. Seine Pfeifen, Schallplatten, selbst gefertigte Marionettenköpfe, Tarotkarten, Mineralien, Bilder und Zeichnungen, seine Gitarre, eine hölzerne Schildkröte und ein blauer, indischer Buddhakopf. Auch das magische Amulett »Auryn« der Kindlichen Kaiserin aus der »Unendlichen Geschichte« mit der Aufschrift »Tu, was du willst«.

Selbst die Bauernmalerei auf einem Schrank kommt als surrealistisches Szenarium daher: Unter anderem beobachtet hier ein Mann, gemütlich ein brennendes Pfeifchen schmauchend, ein Haus, das lichterloh brennt. Edgar Ende hat das Möbel für den Sohn zum zehnten Geburtstag (1939) gestaltet. Das gute Stück überstand Bombenangriffe und Umzüge, unter anderem auch einen nach Italien!

Erkenntnisreich die Gemälde von Edgar Ende, denn der war ein angesehener Surrealist, dessen Stil entfernt an den von René Magritte erinnert. Er hat seinen Sohn Michael inspiriert, aber nicht als Maler, sondern als Schriftsteller. Im Museum können Kinder in den Werken von Michael Ende schmökern. Denn wie hatte der Meister gesagt: »Für mich ist ein Buch so etwas Ähnliches wie ein Dialog mit dem Leser. Und die Brücke dazu ist die Geschichte, die ich geschrieben habe.« Genau deshalb liegen hier seine Werke auf einem großen Tisch aus.

Dann gibt es noch einen Brief Erich Kästners vom 11. Mai 1962, mit dem er das »Jim Knopf«-Manuskript »nach langer, langer Zeit« ungelesen zurückgeschickt hat. Doch dafür hatte Ende im Jahr zuvor schon den Deutschen Jugendbuchpreis bekommen. Errare humanum est – Irren ist menschlich.

Adresse Internationale Jugendbibliothek, Schloss Blutenburg, Seldweg 15, 81247 München-Obermenzing | **ÖPNV** Metrobus 56, Bus 143, Bus 160, Haltestelle Blutenburg | **Öffnungszeiten** Mi–So 14–17 Uhr | **Tipp** Auf dem Weg zur uriggemütlichen Schlossschänke kommt man am Denkmal für Agnes Bernauer vorbei, an dem es vieles zu entdecken gibt.

OBERMENZING

72 Das versteckte Kloster
Bitte, kommt herein!

Zuerst der Superlativ: Es handelt sich bei diesem Kloster um das einzige russisch-orthodoxe Männerkloster in Westeuropa! Und immerhin um den Bischofssitz der deutschen Diözese der russisch-orthodoxen Kirche. Aber auch Osteuropäer kommen seit dem Zusammenbruch des Kommunismus gern hierher, manche quartieren sich auch im Kloster ein und nehmen am Klosterleben teil. Es steht nur wenige hundert Meter entfernt von der Blutenburg und ist doch Welten weit weg. Wenn im Sommer in der Blutenburg das Leben tobt, dann liegt das Kloster des heiligen Hiob in himmlischer Ruhe da. So, als ob es verlassen sei.

Es gibt eine Infotafel an der Wand, aber keinen offiziellen Eingang. Am besten, man geht die paar Stufen hoch, öffnet die Tür und betritt den langen Gang zur Kirche. Man wird herzlich willkommen geheißen. Zum Beispiel von Vater Meleton. Ein Deutscher, ein Suchender, schon immer. In Russland gewesen, Medizin studiert, den Wunsch gehabt, das immerwährende Jesusgebet zu beten. Einen Mentor gesucht, der ihm half, es beten zu lernen. Im Kloster geblieben. Hier gefunden, was immer er auch gesucht hatte. Vater Meleton strahlt und leuchtet von innen.

Das Gebäude ist schlicht und nicht von der Pracht, die man von orthodoxen Kirchenbauten kennt. Der schwere, trutzig wirkende lange Bau entstand in der Nazizeit, als man hier Jugendliche unterbrachte. Nach dem Krieg siedelten sich Mönche an, manche bereiten sich hier auch auf das Priesteramt vor.

Die Mönche unterhalten einen kleinen Verlag, ziehen Kerzen und stellen Weihrauch her. Auf Spendenbasis. Was den Weihrauch anbetrifft, so wechseln sie selbst jede Woche den Duft, weil er in seiner Intensität nicht länger erträglich wäre. Warum überhaupt der Weihrauch? Weil er ihre Gebete zu Gott tragen soll. Was ist Bruder Meleton ein Herzensanliegen? Dass möglichst viele das Kloster besuchen. Gern!

Adresse Kloster des heiligen Hiob, Hofbauernstraße 26, 81247 München-Obermenzing | **ÖPNV** Bus 56 und 160, Haltestelle Blutenberg, ab Ausgang Richtung August-Exter-Straße halten; viel schöner: zu Fuß ab Bahnhof durch den Nordausgang, stadtauswärts an den Bahngleisen entlang, Theodor-Storm Straße überqueren, bis Schirmerweg rechts, diesem folgen, sehr malerischer Weg direkt entlang des Flüsschens (2 Kilometer) | **Öffnungszeiten** einfach schauen, ob offen ist | **Tipp** Ganz in der Nähe: die »Pasinger Fabrik«, Café und Kulturstätte. Einen kurzen Fußmarsch entfernt schmaust man hervorragend im ältesten Gasthof Münchens, »Zum alten Wirt«, der seit 1417 besteht.

OBERPFAFFENHOFEN

73 Das Raumfahrtzentrum
Houston hier!

Der DLR-Standort Oberpfaffenhofen ist die zentrale Einrichtung für die Durchführung von Raumfahrtmissionen in Deutschland und eines der größten Forschungszentren der Bundesrepublik.

Wissenschaftler in Rente bleiben dennoch Wissenschaftler, und so führt hier ein ehemaliger Mitarbeiter gern Besuchergruppen durch das Gebäude. Man sieht diverse Vitrinen, in denen man unter anderem erfährt, welches Eis im All gereicht wird: »Fürst-Pückler-Eis«, ganz klassisch mit Erdbeere, Vanille und Schokolade. Man kann eine Raumkapsel besuchen und stellt fest: reichlich eng da drin! Das Raumschiff-Orion-Gefühl kommt beim Blick auf die Mitarbeiter im Kontrollzentrum auf.

Im Zusammenhang mit der Vorbereitung der Experimente zur D-2-Mission promovierten 50 Wissenschaftler, über 100 Diplomarbeiten wurden geschrieben und mehr als 200 wissenschaftliche Beiträge. Als Nebenprodukt, im Fachjargon »Spin-off« genannt, wurde ein Baby-Anzug gegen den plötzlichen Kindstod entwickelt, der auf einem Sensoranzug der D-2-Mission basiert. Körperfunktionen wie Herzschlag und Atmung werden damit via Telemedizin fernüberwacht. So kann man Menschen mit Herz- und Kreislaufproblemen rund um die Uhr beobachten. Augeninnendruckgeräte wurden verbessert, die Space Mouse für CAD-Anwendungen und der UV-Biofilm entwickelt.

Was in Oberpfaffenhofen so ansteckend ist, ist die Begeisterung für die Raumfahrt. Hier arbeitet Alexander Gerst, der 2018 zum zweiten Mal auf dem Weg zur ISS war als Kommandant der Mission »Horizons«. Für ihn ist die Raumstation die wertvollste und komplexeste Maschine, die je gebaut wurde. 100.000 Menschen aus 16 Ländern haben an 500 Standorten daran gearbeitet – und die einzelnen Teile konnten im Orbit bei 28.000 Stundenkilometern millimetergenau zusammengesteckt werden.

Die aufwendigste Outdoorkleidung der Welt, ein Raumanzug, ist auch im Zentrum zu sehen.

Adresse DLR Oberpfaffenhofen, Münchener Straße 20, 82234 Weßling-Oberpfaffenhofen | **Anfahrt** A 96 Richtung Lindau, Ausfahrt Oberpfaffenhofen, an der Ampel links in Richtung Herrsching, 800 Meter links | **Öffnungszeiten** mehrmals im Jahr öffentliche Führungen nach Anmeldung im Galileo-Kontrollzentrum | **Tipp** Auf dem Weg von der Pforte zur Führung steht das Galileo Control Centre. Manche halten es für unfertig, Architekten hingegen für eine gebaute Offenbarung.

OBERSCHLEISSHEIM

74_Die Biene-Maja-Bank
Weltweit einzigartig!

So kann man das auch machen: Statt die Ameisen im Garten zu vergiften, kann man sie auch beobachten und ein Kinderbuch darüber schreiben. Bernd Isemann und Waldemar Bonsels, zwei Freunde, lebten etwa ab 1905 in einem Haus gegenüber der Schlossmauer in der heutigen Freisinger Straße. Isemann, ein Naturfreund sondergleichen, beobachtete, was so in dem riesigen Garten der Villa kreuchte und fleuchte, und verarbeitete seine Erfahrungen in seinem Tierbuch »Nala und Re«, in dem ein Ameisenvolk zahlreiche Abenteuer übersteht.

Bonsels zeigte sich aber von dem Buch nicht sonderlich begeistert und meinte, dass Bienen doch die sympathischeren Helden wären. Die beiden schlossen eine Wette ab … Gewettet, geschrieben: 1912 erschien das Buch von der »Biene Maja«, die diverse Abenteuer im Schleißheimer Schlosspark erlebt. Bonsels hatte die Wette gewonnen: Das Buch wurde ein Renner. So weit die Legende. In Wirklichkeit wurde er wohl auch durch seine unmittelbare Nähe zu Bienenstöcken inspiriert, denn sein Freund war begeisterter Imker, und auch im Schlosspark wurden bereits vor 100 Jahren Bienen gehalten. Die Handlung ist eindeutig im Schleißheimer Schlosspark angesiedelt, mehrmals werden Schloss, Park und Details wie die lange Steinmauer explizit erwähnt. In seiner Zeit in Schleißheim soll Waldemar Bonsels oft unter einer alten Linde im Berglwald gesessen haben. Da die aber irgendwann abgestorben ist, haben die Freunde der Biene (und von Bonsels) im Jahr 2015 eine neue Linde gepflanzt. Daneben steht eine Bank zur Erinnerung an Maja, es sollte »ein Ort der Stille und Erholung« werden.

Besungen wurde die Biene auch, von Karel Gott: »In einem unbekannten Land / vor gar nicht allzu langer Zeit / war eine Biene sehr bekannt / von der sprach alles weit und breit.«

Biene-Maja-Fans kehren stilgerecht in der Schleißheimer Schlosswirtschaft ein, wie es der Frauenfreund und Antisemit Bonsels auch gern tat.

Adresse im Bergewald, Berglbacherl am Ende der Holzhackerstraße, 85764 Oberschleißheim | **ÖPNV** S 1, Haltestelle Oberschleißheim, 20-minütiger ausgeschilderter Fußweg zum Schloss | **Anfahrt** B 471, links auf Holzhackerstraße, parken, Waldweg folgen | **Tipp** Die Gärtnerei »Kunst & Lust« an der Zufahrt zur Linde ist ein kleines Gartenparadies, in dem man ausgefallene Deko sieht und noch ausgefallenere Pflanzen bekommt. Den im 17. und 18. Jahrhundert in Schleißheim berühmten Parmesankäse, den Paemison keeß, bekommt man beim Tourismusverein hinter dem alten Schloss oder im Hotel Blauer Karpfen.

Biene Maja-Linde

Unter einer Linde im Berglwald schrieb Waldemar Bonsels im Jahr 1912 sein weltberühmtes Kinderbuch „Die Biene Maja und ihre Abenteuer". Der historische Baum, von dem nur noch Totholz übrig ist, stand in unmittelbarer Nähe. Im Rahmen des Jubiläumsjahres wurde am 21. April 2012 eine neue Linde gepflanzt.

Maja
DIE BIENE AUS SCHLEISSHEIM

OBERSCHLEISSHEIM

75 — Die Olympia-Regattastrecke
Nostalgisches Gebäude

Welch Gegensatz! Auf der einen Seite pralles Leben am Munich Beach Resort, der weltweit einzigen privaten Beachsport- und Eventanlage auf olympischem Boden. Weißer Sandstrand, Beachvolleyball, Beachsoccer, Beachtennis oder Beachhandball. Beachbetten, Liegestühle, Cocktails – alles da. Und obendrein noch oft wunderschöne Sonnenuntergänge.

Auf der anderen Seite Verfall und Vergessen. Die Regattastrecke Oberschleißheim wurde einst auf dem künstlichen See als Kanu- und Ruderstrecke für die legendären Olympischen Sommerspiele von 1972 angelegt. Am niedrigsten Punkt Münchens auf etwa 480 Metern ü. M. Neben vielen technischen, hydrologischen und aerodynamischen Untersuchungen war seinerzeit die günstige Verkehrsanbindung für den Standort entscheidend.

Die Tribünen wurden von regionalen Handwerkern gezimmert, deren hochwertige Arbeit noch heute erkennbar ist. Die Architektur der Anlage sollte mit der Umgebung im Einklang stehen, also viel Bezug auf die gradlinigen Straßen und die von Kurfürst Max Emanuel (1662–1726) angelegten Kanäle nehmen. Genauso wurden auch die Hecken in gerader Reihe oder in Winkelform angepflanzt. Um der Natur viele Gestaltungsmöglichkeiten zu lassen (im Jahr 1972!), wurden die Parkplätze nicht versiegelt, sondern mit historischen Pflastersteinen belegt, die beim Ausbau Münchens zur autogerechten Stadt – das war ja damals der Trend – entfernt worden waren. Heute wachsen zwischen den Ritzen wilder Thymian und Wiesensalbei.

Kaum einer bemerkt die Betonplastik des österreichischen Bildhauers Hans Kastler, die sich gleich einer Schlange um die Holzbinder hinter der Haupttribüne windet und dadurch die starre Konstruktion auflockert. Die Anlage wurde 1973 mit dem Großen Preis des Bundes Deutscher Architekten ausgezeichnet.

Adresse Olympia Regattaanlage, Dachauer Straße 35, 85764 Oberschleißheim | **ÖPNV** S 1, Haltestelle Oberschleißheim; Mo – Fr Bus 291, Haltestelle Regattaanlage, S 2 bis Dachau, dort Regionalbus 291 | **Anfahrt** A 8, Ausfahrt Dachau / Fürstenfeldbruck, auf B 471 in Richtung Dachau; nach knapp 15 Kilometern rechter Hand | **Tipp** Besonders bei FKKlern sehr beliebt ist der Mückensee westlich der Anlage!

OBERSENDLING

76 Der Betonkoloss
Furchtlos!

So lautete der Titel der Ausstellung, die auf der 15. Architekturbiennale in Venedig vorgestellt wurde: »Fearless«. Auf Deutsch: furchtlos. Als solches wurde die Konzeption dieser architektonischen Meisterleistung vorgestellt. Die Vorgeschichte: 1961 war ein Betonkoloss als Gas-Versuchskraftwerk an der Drygalski-Allee gebaut worden. Zwei Explosionen und fast vier Jahrzehnte später wurde das Heizkraftwerk 1999 stillgelegt. Das mit Schutt gefüllte Relikt aus vergangenen Zeiten aus Stahl und Beton stand herum und interessierte niemanden.

Abreißen, meinten die einen, die anderen waren für Denkmalschutz. Es fand sich ein Käufer und dann ein Hauptmieter: das Design-Unternehmen Kare. Dessen Inhaber wagten das, was manche als verrückt ansahen: Sie wollten den alten Betonkoloss zu einem architektonischen Glanzpunkt machen. Und es gelang ihnen. Das Möbelhaus sucht heute weltweit seinesgleichen! Der alte Lastenkran, Schalttafeln, Kabel und Isolatoren sind noch erhalten, dazwischen die originellen Möbel von Kare. Durch einen der großen Deckenausschnitte, durch die einst Wärmetauscher geführt wurden, gleitet heute der gläserne Fahrstuhl nach oben.

Runter sollte man durchs Treppenhaus gehen, denn das wurde in 21 Farben der Polychromie architecturale, in unterschiedlichen Le-Corbusier-Stimmungen gestrichen: Vert anglais clair (leicht ergrautes Englischgrün wie ein diskretes Veronesergrün), Gris clair (das Grau am Morgen, weicht gegenüber Weiß in die Ferne), Elfenbeinschwarz (Le Corbusiers einzigartiges Schwarz) – so die poetischen Namen der Farben. Eine wunderbare Idee, diese farbigen Wände!

Man sucht seine Farben aus, kauft sie unten im Laden und bringt die Wände zu Hause zum Leuchten. Falsch kann man nichts machen, alle Farben passen zueinander. Übrigens: Gartenzwerge gibt es hier auch zu kaufen. Aber keine Buddhas.

Adresse Drygalski-Allee 25, 81477 München-Obersendling | **ÖPNV** Bus 63 und 151, Haltestelle Züricher Straße | Öffnungszeiten Nov.–Feb. 8–17 Uhr, März 8–18 Uhr, April–Aug. 8–20 Uhr, Sept.–Okt. 8–19 Uhr | Tipp Der nahe Waldfriedhof ist ein Zauberwald. Einfach durchgehen und entdecken. Unter anderem das Grab von Michael Ende mit der Schildkröte. Ein Projekt von Ehrenamtlichen ist der Naturlehrpfad entlang der ehemaligen Tramtrasse Lorettoplatz, Kriegerheimstraße, Würmtalstraße.

OLCHING

77 — Der Biergarten am See
Elvis Presley! Ella Fitzgerald! Elton John!

Es wird mal Zeit, über Kies zu reden. Ja, über Kies. Ohne den ein bayerischer Biergarten nicht denkbar wäre. Einst diente er zur Abdeckung von oben, damit das Bier unten in der Erde kühl bleibt. Heute erkennt man einen Biergarten am Kies, der unter den Füßen knirscht. Aber auch Bahngleise brauchen Kies, und der wurde hier ausgebaggert.

Sein Ursprung liegt in der Eiszeit, damals vor 10.000 Jahren, als Gletschermassen die Alpen bedeckten, das Eis den Fels sprengte und ihn zu kleinen Steinen zerdrückte. Als es dann wieder wärmer wurde und das Eis zu schmelzen begann, beförderten breite Flüsse diese Steine in das Gebiet um München. Und so entstand die Münchner Schotterebene, die hier einmal gewürdigt werden soll, denn Kies gibt es nicht überall!

Heute ist der ehemalige Baggersee in ein Landschaftsschutzgebiet eingebettet und eine Badeidylle ohnegleichen. Mit flachem sandigen Zugang ins Wasser. Saftig grünen Liegewiesen rundherum. Einem Restaurant, der Villa Romantica, wie aus einem Toskana-Bildband. Und einem Biergarten hundert Meter weiter, wie er chilliger nicht sein könnte. Selbst gemachte Limonaden, kleine Speisen, alles etwas schräg und kreuz und quer. Hier gibt es auch den original Moonshine, in den USA einst illegal bei Mondenschein gebrannt und unverzichtbar auf einer Party. Seit einiger Zeit nun in Olching vollkommen legal gebraut und im Einweckglas verkauft. Sechs Sorten gibt es: von fruchtigen Likören über einen rauchig-milden Whisky bis hin zum klaren Moonshine für »echte Kerle«.

Im Winter kommt der Biergarten an den Wochenenden als romantischer Glühweinstand daher. Wenn der See zugefroren ist, dann ist Schlittschuhlaufen angesagt. Als Star darf sich hier jeder fühlen, der ein Essen bestellt: Denn das wird aufgerufen. Mal als Elvis Presley, mal als Prince, Ella Fitzgerald oder Amy Winehouse. Und am Rand des Biergartens schläft das Bibertier.

Adresse Fichtenweg 27, 82140 Olching | **ÖPNV** S 3, Haltestellen Olching und Gröbenzell, oder Bus 834, Haltestelle Olchinger See (nicht am Wochenende!) | **Anfahrt** A 8, Ausfahrt Dachau/Fürstenfeldbruck, weiter Richtung Fürstenfeldbruck/Olching; ab Geiselbullach nach Olching, dann zu Fuß zum See (circa 2,1 Kilometer) | **Öffnungszeiten** im Sommer (bei gutem Wetter) Mo – Do 13 – 22 Uhr, Fr 13 – 23 Uhr, Sa 11 – 23 Uhr, So 11 – 22 Uhr, im Winter bei sonnigem Wetter am Wochenende, unregelmäßige Öffnungszeiten | **Tipp** Wenn der Biergarten zu ist, dann ist die Dorfstub'n in Olching eine Alternative. Dort sollte man sich auch das stille Örtchen ansehen. Der Bruder des Olchinger Sees ist der kleine Olchinger See, der aber nur zu Fuß oder per Rad erreichbar ist.

78 Das König-Otto-Museum
Gescheitert? Geschaffen!

Da musste erst ein Preuße aus Gütersloh kommen, um den bayerischen Otto, König von Griechenland, in Ottobrunn aus der Vergessenheit zu holen. Professor Jan Murken, ein ehemaliger Kinderarzt, kam der Liebe wegen nach Ottobrunn und verlor sein Herz noch ein zweites Mal: an das griechische Abenteuer des bayerischen Prinzen aus dem Hause Wittelsbach. Eines Prinzen, der mit 17 Jahren König von Griechenland wurde und 30 Jahre lang auf dem Thron saß, von 1832 bis 1862. Der mit seiner Frau Amalie, einer Prinzessin aus dem Hause Oldenburg, die Grundlagen des heutigen Staates Griechenland geschaffen hat. Und über den sehr oft geschrieben wird, er wäre »gescheitert«.

Das Museum im Herzen von Ottobrunn ist schon längst keine Sammlung mehr, Museen aus aller Welt leihen sich hier Exponate. Da gibt es die Büsten von Otto und Amalia, die lange verschollen waren und auf verschlungenen Wegen ins Museum gelangt sind. Den silbernen Hundekopf-Trinkbecher, einst ein Geschenk von Otto für einen englischen Diplomaten, dessen Nachkommen den Becher ins Museum brachten. Da gibt es alte Fix-Bierdosen, denn das Bier wurde während Ottos Regierungszeit nach Griechenland gebracht. Von einem bayerischen Brauer namens Fuchs, den die Griechen »Fix« aussprachen. Amalie, die Frau von König Otto, hat die Uniform der Evzonen – der Wache vor dem heutigen griechischen Parlament und ehemaligen Königsschloss – entworfen, die man im Museum sieht. Ihr weißer Rock hat 400 Falten, jede steht für ein Jahr osmanischer Fremdherrschaft. Ottobrunn selbst ist nach dem König benannt, weil er hier auf seiner Reise nach Hellas den ersten Stopp einlegte und sich von seinem Vater Ludwig I. verabschiedete.

Der bayerische Prinz Otto hat die Grundlagen des heutigen Griechenland geschaffen. Gescheitert? Frau Heinrich vom Museum erklärt, warum nicht. Ein Juwel von einem Museum!

Adresse Rathausstraße 3, 85521 Ottobrunn | **ÖPNV** S 7, Haltestelle Ottobrunn, Mozartstraße links, Wilhelm-Busch-Straße | **Anfahrt** A 8, Ausfahrt Unterhaching-Ost Richtung Unterhaching-Ost / Ottobrunn-Mitte, rechts auf Ottobrunner Straße, weiter auf Unterhachinger Straße, rechts Rosenheimer Landstraße, links auf Am Bogen, links auf Rathausstraße | **Öffnungszeiten** Do 15–18 Uhr, Sa 10–13 Uhr | **Tipp** Die König-Otto-Säule an der Rosenheimer Landstraße erinnert an die Stelle, an der sich Ottos Vater Ludwig I. von seinem nach Griechenland reisenden Sohn verabschiedet hat.

79 Klein-Venedig
Alles nur geklaut

Kitsch? Nein. Kunst. Es war in München schon immer gute Tradition, die Baustile anderer zu klauen. Pardon, zu kopieren. Ludwig I. machte die Stadt griechischer, als es die griechische Hauptstadt selbst ist. Zwischen all die Säulen setzte er noch die Loggia von Florenz und den Friedhof von Bologna, um nur ein paar Beispiele zu nennen. Sein Enkel Ludwig II. klaute sich gleich ein ganzes französisches Schloss und taufte es von Versailles in Herrenchiemsee um. Und da der Bayer und auch der Münchner traditionsbewusst ist, macht er heutzutage munter so weiter. Denn was noch fehlt im Stadtensemble, ist Venedig.

Im 19. Jahrhundert verglich man die Altstadt von München mit der Lagunenstadt, da hier noch viele kleine Bäche flossen. Bis sie zugeschüttet wurden. Doch Anfang des 21. Jahrhunderts entstand in Pasing ein neues Venedig, eine Wohnanlage. Die Eigentumswohnungen waren im Handumdrehen verkauft. Anders als im großen Vorbild gibt es hier aber keine Massen von Touristen, sondern nur junge Familien mit ihren Kindern, die in den Innenhöfen spielen.

Im Pasinger Venedig ist nichts verwinkelt und schief, sondern alles gerade und ordentlich. Besonders stimmungsvoll ist es hier im Winter, wenn Schnee auf den Brücken liegt.

Die Würm ersetzt hier den Rialto, kleine geschwungene Brücken führen hinüber. Terrakotta, Ockergelb, warme, erdige Farben bestimmten das Ortsbild. Auch die hohen Fenster, die Balkone, das alles kann schon venezianisch anmuten. Die Gondel allerdings, die einst unter einer Rialtobrücke an den Gestaden der Würm lag, existiert nicht mehr. Sie wurde marode und war von vornherein nur als Werbegag für den Verkauf der Wohnungen gedacht.

Die Pasinger Venezianer bevorzugen heute ein Schlauchboot. Wenn das ganze Viertel die Patina gelebter Jahre bekommen hat, dann wird es seinen Namen Klein-Venedig sicher mit der Würde einer vornehmen älteren Dame tragen.

Adresse Planegger Straße 64, 81241 München-Pasing | **ÖPNV** alle S-Bahnen, Haltestelle Pasing; Bus 265, Haltestelle Planegger Straße | **Tipp** Nicht nach venezianischem, sondern nach englischem Vorbild wurde die Villenkolonie I., eine seit 1893 angelegte Gartenstadt, errichtet.

PASING

80 Die Linie 19
Einmal quer durch die Stadt ohne schmerzende Füße

Die Trambahnlinie 19 verkehrt zwischen Pasing Bahnhof im Westen Münchens und der St.-Veit-Straße im Osten der Stadt. Aussteigen und wieder zusteigen, wo und wann man will. Tourist sein, auch als Einheimischer.

Einstieg ist vor dem Bahnhof von Pasing, dessen ältestes Gebäude von Friedrich Bürklein gebaut wurde. Vielleicht vor der Fahrt dort noch einen Kaffee zu sich nehmen? An der Station Westbad lockt ein tropisches Badeparadies mit einem Strömungskanal. Am Willibaldplatz wird es vielleicht Zeit für eine Stärkung in der griechischen Taverne Anemos in der Willibaldstraße 24, Motto: »Wenn ein Fremder zu uns kommt, wird er als König bedient, als Freund gesehen und als Bruder verabschiedet.« In der Agnes-Bernauer-Straße können Kinder Märchen erraten. Welches Märchen ist mit den Gänsen gemeint? Und welches bei der Darstellung mit dem Wolf und dem Mädchen? In der Lautensackstraße taucht man dann ins internationale Viertelleben ein.

Von der Station Schrenkstraße kommt man zum KPMG-Gebäude, wo im Innenhof Stufen in den Himmel oder einfach ins Nichts führen, ein spektakuläres Kunstwerk des Dänen Olafur Eliasson. Auf eine Kaffeepause oder einen Drink dann ins stylishe Roomers Hotel an der Landsberger Straße, und unbedingt ins Motel One, wo Trompeten und Schuhplattler ganz neu definiert wurden. Auch nahe der Holzapfelstraße gibt es Hochinteressantes zu entdecken: das Café Marais, untergebracht in einem original erhaltenen ehemaligen Bekleidungsgeschäft. Es ist nicht nur ein Café, sondern auch ein Laden der Wunderlichkeiten.

Die Tram fährt dann durch die Innenstadt mit den bekannten Sehenswürdigkeiten, vorbei am Ostbahnhof. In Berg am Laim beeindruckt mit ihrer Wucht und Pracht die St.-Michael-Kirche, eine Kopie von St. Michael in der Innenstadt, in der Neuhauser Straße. Deftiger Abschluss des Tages: eine Brotzeit im Weißen Bräuhaus in der Baumkirchner Straße 5.

Adresse 81241 München-Pasing | **ÖPNV** alle S-Bahnen, Haltestelle Pasing beziehungsweise Berg am Laim | **Tipp** Wer mit der Tram hin- und zurückfahren möchte, sollte eine Tageskarte (Innenraum) lösen. Für mehrere Personen gibt es auch Partnertageskarten. Eine weitere Variante der Stadtrundfahrt ist die Tram 16, die vom Romanplatz nach St. Emmeram führt, wo ein lauschiger Biergarten wartet.

PASING

81 Das Meisterstück
Burned out!

Als das »Meisterstück« eingeweiht wurde, sollten alle Eingeladenen einen Flaschenöffner mitbringen. Deshalb hängen hier jetzt die ausgefallensten Flaschenöffner dekorativ an der Wand im hinteren Raum. Dann gibt es noch die Geschmackswerkstatt mit allerlei Hackebeilchen an der Wand. Die über eine ganze Wand verteilten Zapfhähne hinter dem Tresen sind nicht nur dekorativ, sondern auch funktional, sie spenden 16 Sorten Bier von kleinen Brauereien in München. Die fleisch- und bierlastige Gastronomie im Meisterstück stammt vollständig von »regionalen Meistern«, denen auch ein eigener Raum im Obergeschoss gewidmet ist, wo Abbildungen von den Meistern an der Wand hängen.

Das »Meisterstück«, so der Name des Lokals, ist in einem anderen Meisterstück untergebracht: einem ehemaligen Wasserpumpwerk. Das Backsteingebäude wurde 1854 von dem Architekten Friedrich Bürklein erbaut. Damals diente es zur Versorgung der Dampflokomotiven im Hauptbahnhof mit weichem Würmwasser. Mit dem Ende der Ära der Dampflokomotiven wurde das wunderschöne Gebäude sich selbst überlassen. Einer Anwohnerinitiative ist es zu verdanken, dass ein Abriss verhindert werden konnte und das Pumpwerk unter Denkmalschutz gestellt und privat renoviert wurde. Architekt Bürklein hatte einst mit dem Neubau des Münchner Hauptbahnhofs 1847 bis 1849 auf sich aufmerksam gemacht, gepriesen als Basilika des Verkehrs. Später von seinen Kollegen übelst verleumdet, starb er in geistiger Umnachtung in einer Heilanstalt. Der alte Pasinger Bahnhof stammt übrigens auch von ihm.

Das »Meisterstück« liegt am Würmtalradelweg und ist im Sommer eine gute Einkehr mit Biergarten. Dann gibt es zum Wochenende von Donnerstag bis Samstag Jazzmusik. Man sitzt unter einer riesigen alten Esche. Sie zählt zu den Glück versprechenden und Unheil abhaltenden Bäumen, die als Weltenbaum den Himmel mit der Erde verbindet.

Adresse Kaflerstraße 16, 81241 München-Pasing | **ÖPNV** alle S-Bahnen, Haltestelle Pasing, rechts, fünf Minuten Fußweg | **Öffnungszeiten** Mo–Do 12–24 Uhr, Fr 12–1 Uhr, Sa 10–1 Uhr, So 10–24 Uhr | **Tipp** Der alte Bahnhof von Pasing stammt auch von Friedrich Bürklein. »Pasing« war in den 50er/60er Jahren ein berühmtes Wort für den Interruptus, benannt nach dem Sicherheits-Ausstieg beim Liebesakt, im Hinblick auf die eine Station vor dem Ziel, Last Exit Pasing.

82 Die Moschee Haci Bayram
Muezzinruf und Glockenläuten

Da stehen sie in Eintracht einander gegenüber. Die »Goldene Gans« mit der Patrona Bavariae unter dem Giebel und die Moschee mit dem Minarett. Beide in dezentem Habsburgergelb gestrichen.

Ist es nicht so, dass man gern mal im Ausland in eine Moschee geht, aber nie hierzulande? So als ob man hier in eine fremde Welt eindringen würde? Dabei ist es so einfach. Einfach rein in die Pasinger Moschee, rechts durch den Waschraum durch und im Teeraum fragen, ob man sich mal umschauen kann. Oder vorher telefonisch eine Führung ausmachen.

Im Islam gibt es zwei Kunstarten, so wird einem erklärt, die Kalligrafie und die Art, wie man den Koran rezitiert: So sieht man schon im Treppenhaus Kalligrafien, die achtmal das Zeichen für Allah, die Acht, zeigen. Die Acht, weil sie keinen Anfang und kein Ende hat, also unendlich ist. Ebenso wie Allah. Im ersten Stock, im kleineren, dunkleren Gebetsraum für die Frauen, sieht man dann zum ersten Mal eine Tulpe. Sie gilt als das Symbol der wahren Liebe und soll im Paradiesgarten erblüht sein. Sie wird im Türkischen mit denselben Buchstaben geschrieben wie ALLAH und ist das Sinnbild des Göttlichen.

Im prachtvollen Gebetssaal für die Männer ist es das Grün, das einem ins Auge leuchtet. Grün war die Farbe Mohammeds, die kostbarste Reliquie des Islam ist das heilige grüne Banner, das mit Gold bestickt ist. Grün war im Islam die vorherrschende Farbe des Paradieses – man kann gut verstehen, dass für ein Wüstenvolk Grün für ebenjenes Paradies stand.

Wenn die Kirchenglocken läuten und der Muezzin ruft, dann hat das gemeinsame Ursprünge: Die Idee, die Gläubigen mit Hilfe von Glocken zum Gebet zu rufen, soll der heilige Franziskus gehabt haben, als er in der Nähe der Nilmündung im Lager des muslimischen Heeres vor dem Sultan Al-Kamil predigte. Als er den Muezzin zum Gebet rufen hörte, dachte er sich, das kann ich bei den Christen einführen. In veränderter Form als Glockenläuten.

Adresse Türkisch-Islamische Gemeinde, Planegger Straße 18a, 81241 München-Pasing | **ÖPNV** alle S-Bahnen, Haltestelle Pasing; Bus 56, 57, 160, 161 oder 265, Haltestelle Planegger Straße | **Öffnungszeiten** Führungen für Gruppen Mo–Do 8–18 Uhr, Fr 8–11 Uhr, G. Onur: Tel. 089/833008 oder V. Türlü: Tel. 089/82089080 oder info@pasingermoschee.de | **Tipp** Ein Augen- und Gaumenschmaus gleichermaßen ist die Traditionsgaststätte Goldene Gans gegenüber von der Moschee.

83 __ Der Tunnelblick
Pasinger Panoptikum

Das dürfte wohl bis jetzt einmalig sein: ein ehemals unscheinbarer Tunnel, der auf 90 Metern die Geschichte eines Ortes in Streiflichtern erzählt und die Geschichten der Passanten, die beim Bemalen des Tunnels vorbeikamen. »Endlich mal was Gescheites!«, hatte ein vorbeirasender Radfahrer sehr richtig festgestellt. Der Pasinger Künstler Martin Blumöhr hatte im Juni 2014 die vorher graue Tunnel-Ödnis entlang der Würm mit Bilder-Geschichten aus Pasing bemalt.

Da ist eine schwarz-rot-goldene Blume, die Deutschland darstellt, mitsamt Fußballfans – ein Wunsch von Pasinger Kindern während der Fußball-WM –, außerdem die tristen Bauten der Landsberger Straße, die Exter Villa, auf die viele neugierig starren, das Pumpenwerk, ein Paar, das während der Arbeit am Bild immer mal wieder vorbeikam und sich dann vor dem Gemälde verlobte, die Mariensäule mit Koffer, weil sie immer wieder ihren Standort wechseln muss, ein Bildhauer, dessen Vater im Landtag erschossen wurde, Juden auf dem Todesmarsch ins Konzentrationslager, der Künstler mitsamt seinem Karren, in dem er sein Malmaterial beförderte. Das Pasinger Staumonster, der Pasinger Konsumrausch-Tempel, die Pasinger Fabrik, die kleinste Oper der Welt, Agnes Bernauer und ihr grimmiger Vater vor der Blutenburg. Und am Schluss der »witzigste Pasinger überhaupt«, der mit der großen Nase.

Und natürlich der legendäre Pasinger Mahatma Gandhi, der Grafiker Horst Winter, der im Pasinger Knödelkrieg im Jahr 1967 gegen den Fluglärm der Starfighter der Bundesluftwaffe vom Fliegerhorst Fürstenfeldbruck kämpfte. Er hatte gerade an einer Zeichnung gearbeitet, als er durch einen Überschallknall vor Schreck mit dem Stift darüberfuhr und die Arbeit von zwei Wochen ruinierte. Er kämpfte medienwirksam mit Katapult und harten Knödeln gegen die Lärm- und Witwenmacher. Und gewann, was den ersten Punkt anbetrifft.

Adresse Hermann-Hesse-Weg, 81241 München-Pasing | **ÖPNV** S-Bahn-Station Pasing, vom Bahnhof aus nach rechts, nach dem »Meisterstück« wieder rechts entlang der Würm durch den Tunnel | **Tipp** Beim »Wolken-Tunnel Sieben Flieger« im östlichen Teil des neuen Bahnhofs ist der siebte Flieger der Passant selbst.

84 Die Alpaka-Ranch
Tiere im Trend

2018 wurden sie von der Zeitschrift »Neon« zum Trendtier des Jahres gewählt: die Alpakas. Auch im Norden von München hat sich einer in sie verliebt. Der Rentner Gerhard Pfister, der fünf Alpakas hält, dazu drei Nandus (flugunfähige, große südamerikanische Verwandte des Vogel Strauß), zwei Ziegen, 30 Tauben und rund 60 Sittiche.

Auch wenn die Alpakas so beruhigend sind, so sind sie dennoch keine Kuscheltiere und werden besonders an Kopf und Ohren ganz und gar nicht gern gestreichelt. Sie sind eher die treuherzigen Gefährten, die stundenlang neben einem Menschen herspazieren und bestimmt auch zuhören. Der weiße Fernando ist der Star von Pfisters Truppe. Während die anderen Wildtiere geblieben sind, ist er Schmuser. Ab und an wird er gepikt von Hugo, dem Nandu.

Wegen ihres ruhigen und friedlichen Charakters werden die Alpakas vielerorts zu Therapiezwecken für alte oder behinderte Menschen eingesetzt. Nach einer kurzen Kennenlernphase ordnen die Herdentiere auch Menschen problemlos in ihre Gruppe ein. Der Umgang mit den Alpakas wirkt meditativ und entschleunigend – eine wohltuende Abwechslung zum schnelllebigen Alltag.

Alpakas sind sehr reinliche Tiere. Wie Gerhard Pfister erzählt, haben sie sich in ihrem Stall eine etwa einen Quadratmeter große Stelle als ihre »Toilette« auserkoren. Auch im Freigelände suchten sie sich einen mehrere Quadratmeter großen Bereich als Klo aus. Pfister ist froh darüber, denn das erleichtert ihm die tägliche Arbeit, im Gegensatz zu den Ziegen und Nandus, die ihr Geschäft überall verrichten. Die ruhigen und pflegeleichten Tiere freuen sich über Karotten und Äpfel als Gastgeschenk.

Eine Warnung zum Schluss: Ein alter Spruch aus dem fernen Peru warnt: »Schau einem Alpaka nicht zu tief in die Augen – du könntest dich für immer verlieben.« Pfister ist das beste Beispiel dafür!

Adresse Rosenstraße 54, 85238 Petershausen | **ÖPNV** S 2, Haltestelle Petershausen, rechts in Rosenstraße, drei Gehminuten | **Anfahrt** A 9, Ausfahrt Allershausen, Richtung Allershausen/Hohenkammer, Petershausen ausgeschildert, Ranch bei der BayWa | **Öffnungszeiten** So 14–17 Uhr | **Tipp** Um Petershausen verlaufen interessante Themen-Wanderwege, unter anderem der zum Hochzeitsplatz in Obermarbach.

PLANEGG

85 Das Karl-Valentin-Haus
Die Werkstatt ist das Ende vom Anbau

Schon auf dem Marktplatz begrüßt einen die Figur des Komikers und Volksschauspielers, den Planegg als »großen Sohn der Gemeinde« für sich vereinnahmt. Er war zwar geborener Münchner, zog aber, nachdem seine Wohnung in München nach einem Bombenangriff völlig zerstört worden war, in sein Haus nach Planegg. Hier wollte er in Sicherheit das Ende des Krieges abwarten. Als der vorbei war, war es jedoch auch mit dem Ruhm des Karl Valentin vorbei, und er blieb in dem Haus. Zur Einweihungsfeier kamen seinerzeit auch der Komiker Heinz Erhardt und der Clown Charlie Rivel.

In dem Anbau am Haus, seiner Werkstatt, drechselte Valentin Nudelhölzer, Kochlöffel, Holzspielzeug und einen hölzernen Schulranzen mit Lederdeckel für seine Enkeln Anneliese, die heute seine Nachlassverwalterin ist. Von den 14 Instrumenten, die Valentin gespielt hat, sind noch seine Trompete, sein Fagott und seine Quetschn zu bewundern. Und in den Vitrinen Fotos seiner Familie und seiner Auftritte, sein Portemonnaie samt spärlichem Inhalt, sein Schminkkästchen und seine Drechsel-Arbeiten. Interessant auch der Abguss seiner Hand, mit der der gelernte Schreiner seine Worte zu Papier brachte, die er genauso fein drechselte wie seine Holzarbeiten. Für Nachbarn und Bekannte in Planegg schliff er Messer und Scheren, als Gegenleistung bekam er seine Lieblingszigaretten der Marke Mori. Besonders anrührend die winzig kleinen Kegel und Döschen mit allerwinzigsten Deckeln.

Valentins Drechselbank im Werkraum gibt es leider nicht mehr – die Werkstatt ist inzwischen ein Aufenthaltsraum für die Führungen, wo es auf Wunsch ein Gläschen Karl-Valentin-Wein gibt. Seine Nachkommen wohnen auch heute noch im Valentin-Haus in der Georgenstraße.

Beerdigt wurde er auf dem Planegger Friedhof in der Pasinger Straße 8. Wie es sich für einen Komiker gehört, ist er stilgerecht an einem Rosenmontag verstorben.

Adresse Karl-Valentin-Haus und -Shop, Georgenstraße 2, 82152 Planegg | **ÖPNV** S 6, Haltestelle Planegg, circa 10 Gehminuten | **Anfahrt** A 96 Richtung Lindau, Ausfahrt Gräfelfing, Richtung Starnberg/Planegg, Pasinger Straße, auf der anderen Seite der Würm | **Öffnungszeiten** Besichtigung nach Absprache unter Tel. 089/89979252 | **Tipp** Ein Besuch im Biergartenrestaurant Kottmeier schräg gegenüber und ein Spaziergang durch die kleine Tandlerschlucht zur S-Bahn – ein perfekter Tag! Das Skimuseum von Planegg beherbergt eine der bedeutendsten Sammlungen von Skiexponaten weltweit.

PLANEGG

86 — Das Kloster Maria Eich
Seelengärtlein, Fatschenkind und Eichenbaum

Welch eine meditative Ruhe! Keine zehn Gehminuten von der S-Bahn entfernt kommt man zum Kloster Maria Eich, das seinen Namen einer kleinen Madonnenstatue in einer ausgehöhlten Eiche verdankt.

Es war im Jahr 1710, als die beiden Schmiedesöhne Kaspar und Franz Thallmayr eine 30 Zentimeter große Muttergottesstatue in die Höhle einer Eiche stellten. Das war der Beginn der Wallfahrtsstätte. Die Baumkrone der Eiche wurde im August 1805 durch einen Blitzschlag zerstört, ihr Stumpf ist heute hinter Glas bei der Kapelle zu sehen, auf der rückwärtigen Stammseite steht die Madonna im Hochaltar der Gnadenkapelle. Umgeben von vielen Votivtafeln von Menschen, denen sie geholfen hat. Die Bitt- und Dankschreiben kann man in dem Raum, in dem die Eiche ist, auf bunten Zetteln in eine Art Gitter an der Wand heften! Anrührend auch das kostbar gekleidete Fatschenkindl vor dem Altar, das einerseits den kleinen Jesus darstellen sollte, aber für die kinderlosen Nonnen auch eine Art Trösterlein war.

An der Kirchenwand erinnert eine Gedenktafel an den bayerischen Kurfürsten Max III. Joseph, der am 12. Oktober 1775 im Waldgebiet eine Parforcejagd veranstaltete. Ein gejagter Hirsch flüchtete sich zur Kapelle. Als der Adlige das Gnadenbild sah, verschonte er das Tier.

Für die Münchner ist der Ort sehr bedeutend: Hierher pilgerte nach dem Attentat im Jahr 1980 auf dem Oktoberfest Willy Heide, der ehemalige Sprecher der Oktoberfest-Wiesnwirte, von seiner Planegger Gaststätte aus. Er stiftete eine noch heute aufgestellte Votivkerze und bat um günstiges Wetter und Frieden für das Oktoberfest. Eine noch heute gepflegte Tradition.

Die Augustinermönche der so strukturiert und wohltuend klaren Klosteranlage haben ein Seelengärtlein eingerichtet, wo leise Meditationsmusik erklingt. Ein wunderbarer, meditativer Ort.

Adresse Zu Maria Eich 1, 82152 Planegg | **ÖPNV** S 6, Haltestelle Planegg, den Bahnhof nicht Richtung Stadt verlassen, sondern zum Wald | **Anfahrt** A 96, Abfahrt Germering-Süd, 3 Kilometer bis Planegg, gleich nach dem Ortsschild rechts nach Maria Eich | **Öffnungszeiten** Seelengärtlein ganzjährig, meditative Hintergrundmusik von April – Okt. Mo – Sa 11 – 19 Uhr | **Tipp** Der Wald um Maria Eich gleicht einem Urwald mit seinen Hainbuchen und seinen uralten, teilweise umgestürzten knorrigen Eichen.

PLIENING

87 Der Speichersee
Judenstrick und Nestbeschmutzer

Er ist schuld, dass hier der Himmel oft grau statt, wie in München, strahlend blau ist. Das bis zu drei Meter tiefe Wasser des Speichersees kondensiert zu Wolken, die den Himmel verdunkeln. Meistens trifft man nur ein paar Spaziergänger, einige Jogger und viele Vögel an. 160 Vogelarten wurden hier an der »Münchner Nordseeküste« gesichtet. Angelegt wurde der See im Jahr 1920, das Becken des Gewässers besteht vollständig aus Beton. Die Vogelfreistätte ist das älteste Naturschutzgebiet im Landkreis und sogar Europareservat.

Der See ist ausschließlich den Tieren vorbehalten. In ihm leben fette Karpfen, schwergewichtige Brachsen, starke Hechte und flinke Forellen.

Welch kuriose Völkchen brüten und überwintern hier! 2013 zum Beispiel, erstmalig in Deutschland, ein Paar des Heiligen Ibisses. Eigentlich sollten die krummschnabligen Vögel eher »Scheinheiliger Ibis« heißen, denn sie sind ziemlich gefräßig und plündern gern die Nester einheimischer Vögel, wie die der Seeschwalben. Auch wenn er aus Afrika stammt, so ist der Ibis doch »winterhart«. Und außerdem relativ nachwuchsfreudig. Vogelkundler sind alarmiert! Und auch der Wiedehopf, Punk und Nestbeschmutzer unter den Vögeln, hat sich hier schon blicken lassen. Punk heißt er wegen seiner Frisur und Nestbeschmutzer, weil er eben gern ins eigene Nest macht.

Am Rande des Sees fallen die verholzten Kletterpflanzen um die Bäume herum auf. Es sind die sogenannten Judenstricke. Der Name leitet in die Irre: Mit der unseligen jüngsten Geschichte Deutschlands hat der Judenstrick nichts zu tun. Er geht auf das Wort »Jutenstrick« zurück, einen Strick aus Ruten. Zur Bajuwarenzeit diente er dazu, Holzbalken zusammenzubinden. In den 1950er Jahren rauchten die Jugendlichen gern mal die verholzten Weinrauten – wirklich gut haben diese »Zigaretten« aber nicht geschmeckt.

Adresse bei 85652 Pliening | **Anfahrt** München-Ost auf der A 94 bis Ausfahrt Feldkirchen-West, weiter auf der St 2082 Richtung Erding, in Landsham in der 90-Grad-Rechtskurve links (also geradeaus) und bis zum Ende der Straße fahren | **Tipp** Fleischesser sind in der Metzgerei Holzner in der Geltinger Straße 2 im siebten Himmel. Erstklassige Ware und Beratung.

88   Das Bauzentrum
Zeig mir dein Haus und ich sage dir …

Kann man ja sonst nirgends: mal durch ein Dorf gehen und nach Belieben in alle Häuser und Zimmer schauen. Türen öffnen und erkunden, was sich dahinter verbirgt. Und dabei die eine oder andere Dekoidee fürs eigene Zuhause entdecken.

Gehen wir zum Beispiel ins Danhaus. Der Name lässt es erahnen: Es ist ein dänisches Haus. Und die Dänen sollen ja ein überaus glückliches Völkchen sein. Kein Wunder, in diesem Haus findet man fast überall Holz, auf dem Boden, an den Wänden. Neben der Dusche eine Wurzel als Handtuchhalter, Muscheln hier und da. Holz soll ja der spirituellste Baustoff überhaupt sein.

Dann weiter ins Schwabenhaus: Schaffe, schaffe, Häusle baue … Der Traum eines Schwaben ist nach wie vor das eigene Häuschen. Energieeffizient, also schwabenfreundlich, klein und kompakt, fein und mein. Ein Häuschen, wie es auch gut ins Legoland passen würde. Der Schwabe liebt halt den Diminutiv, die Verkleinerungsform, das Häusle.

Dann gibt es das Bodenseehaus, das sich nicht so recht entscheiden kann, ob es ein bayerisches Bauernhaus oder eine Tegernseer Villa aus den 50ern sein möchte. Oben der Balkon, diesmal nicht aus Holz, sondern aus Glas, unten ein Erker, aber nicht eckig, sondern rund – irgendwie ein Zwischenstil.

Beim Habitat21 sagt es der Name schon: Hier wird zeitgemäß gebaut. Keine Erkerchen und Giebelchen. Klare Linien. Die Art von Designerhaus, die ziemlich verglast ist rundum, was sich in Krimis gut macht, wenn die depressive Ehefrau des Ermordeten auf High Heels vor der Designerkochinsel steht und gerade Gemüse schnipselt, während der Kommissar sie befragt.

Kiesbeläge vor dem Haus sind im Trend, gern auch Japanisches und nach wie vor viel offener Wohnraum. Geändert hat sich aber eines, wie man überall im Bauzentrum hört: Gefragt wird nicht mehr so oft nach der Kältedämmung, sondern nach der Wärmedämmung.

Adresse Bauzentrum Poing, Senator-Gerauer-Straße 25, 85586 Poing | ÖPNV S2, Haltestelle Grub | Anfahrt A 94 München–Passau, Ausfahrt Parsdorf, Richtung Grub, ausgeschildert | Öffnungszeiten Di–So 10–17 Uhr | Tipp Direkt an der S-Bahn-Haltestelle liegt das Gasthaus Grub idyllisch unter Kastanien.

89 Der Wildpark
Kitty macht's

Es ist nicht selbstverständlich, was im Wildpark Poing zweimal täglich stattfindet: die Vorführung der Falknerei. Denn die war lange Zeit dem Adel vorbehalten. Inzwischen ist sie ein immaterielles UNESCO-Kulturgut geworden.

Mit dabei der gutmütige Bartkauz Barbabella (Welch Blick! Welch weiches und kuscheliges Gefieder!), Gänsegeier Willy (man muss den halb blinden Kerl einfach gernhaben), die wunderschöne Schleiereule Disco, der Wanderfalke Kitty mit seinen schnellen Flügelschlägen, der kleine Steinkauz Pucki mit dem riesigen Herzen, der sich auch sonst für den Größten hält, Caruso, der launische Wüstenbussard, der sowieso nur das macht, was er will. Und Uhu Bubo, der schon seit mehr als 25 Jahren bei der Truppe ist.

Bei den Privat-Sessions darf man mit Herrn Maier in die Volieren, die Vögel fliegen einem auf die Hand – Auge in Auge mit einem Raubvogel, ein großartiges Erlebnis.

Bei Maiers Vorführungen für die Allgemeinheit meint man, einem Fußballkommentator zuzuhören: »Das gibt einen Stoßflug, da kommt er hereingeschossen.« Oder: »Kitty maaaaaaaaaacht's!« – »Ooooh, er stürzt hinab und lässt seine Beute nicht mehr los.«

Das Besondere an seiner Arbeit ist, dass die Vögel frei fliegen dürfen. Und wenn den Adlern, Falken oder Eulen der Betrieb im Wildpark zu viel wird, können sie sich auch zurückziehen. Ganz selten bleibt ein ausgeflogener Vogel länger weg. Früher oder später flattern selbst die Ausflugsfreudigsten wieder zurück zu ihrem Falkner.

Kein Wunder, denn er ist weise: Bei Maier müssen die Tiere nicht hungern, wie es andere Falkner machen, damit sie freiwillig aus ihrer Voliere herauskommen. Er setzt ganz einfach auf Vertrauen: »Die Kunst des Falkners ist es, ein wildes Tier an sich zu binden, indem man ihm die Freiheit gibt. Ich freue mich über jeden Flügelschlag, nur so lernen sie abzuheben.«

Adresse Osterfeldweg 20, 85586 Poing | **ÖPNV** S 2, Haltestelle Poing, links Bahnhofstraße folgen, die in Hauptstraße übergeht, am Ende links, danach rechts | **Anfahrt** A 94, Ausfahrt Parsdorf, Richtung Grub; ausgeschildert | **Öffnungszeiten** April–1. Nov. 9–17 Uhr, 2. Nov.–März 11–16 Uhr; Greifvogel-Vorführungen Mo–Do und Sa, So April–Nov., am Fr nur an Feiertagen und in den Ferien; Spezial »Greifvögel und Falknerei näher kennenlernen« unter sam.bubo@me.com | **Tipp** Ein Denkmal in der Grünanlage beim S-Bahnhof erinnert an den Zug von 3.600 jüdischen KZ-Häftlingen, die 1945 hier kurz vor Kriegsende rebellierten.

90 Burg Schwaneck

Dem Schwanthaler sein Schwanitz

Der Erbauer der Burg Schwaneck, Ludwig von Schwanthaler, war kein Spross des Erbadels, also kein Adliger von Geburt. Von Schwanthaler war vielmehr Personaladliger, also jemand, der seinen nicht vererbbaren Adelstitel durch seine Leistung als Künstler unter Ludwig I. erhalten hatte. Eines seiner berühmtesten Werke ist die Bavaria. Neben dem Titel hatte er von Ludwig I. auch ein Grundstück bei Pullach, hoch über der Isar, mit einem schönen Blick auf die Berge erhalten. Lange vor den Schlossbauten des Märchenkönigs Ludwig II. hat sich hier ein bürgerlich Geborener seinen Traum von einem Schloss erfüllt, wie so viele andere seiner Zeit. Um 1840 waren nämlich Ritterburgen der Traum eines zukünftigen Eigenheimbesitzers.

Schwanthaler hatte seine Burg groß geplant, das Geld aber reichte nur für die verkleinerte Version. Mit dem heute noch vorhandenen Viereckturm, dem angefügten achteckigen Treppenturm und einer zinnenbewehrten Mauer rundherum. Und einem Pseudoabort. Wie es sich für eine Burg gehört, wurde sie belagert, und zwar anlässlich der Einweihung. Das stilvolle Ritterleben ging munter weiter, indem sich die Herren Ritternamen zulegten, der Hausherr selbst nannte sich »Storchenauer«. Man war kostümiert und unterhielt sich mit altfränkischen Singspielen.

Fünf Jahre sollte er sich an seiner Burg erfreuen, bis er gichtkrank 1848 vorzeitig verstarb. Noch mehr Mittelalter kam 1863 mit Carl Ritter und Edler Mayer von Mayerfels hinzu, der ebenfalls ein Mittelalter-Fan war und den runden Turm und den Vorläufer des heutigen Rittersaals errichten ließ. Nach einer aufwendigen Sanierung im Jahr 2007 wurde die Burg als Jugendherberge eröffnet, stilgerecht, denn 2.000 Jugendliche hatten sie »belagert« und für sich erobert.

Der Bereich um die alte, von Efeu umwucherte Eiche im Garten des Anwesens gilt als Kraftort.

Adresse Burgweg 4, 82049 Pullach | **ÖPNV** S 7, Haltestelle Pullach, 10 Gehminuten, ausgeschildert | **Anfahrt** B 11, vom Mittleren Ring Süd aus über die Wolfratshauser Straße in Richtung Wolfratshausen/Innsbruck bis nach Pullach | **Öffnungszeiten** Burggebäude nur für Gäste der Jugendherberge zugänglich | **Tipp** Das »Treibhaus« in der Ortsmitte ist ein Lokal für jede Tageszeit: am Vormittag für ein Frühstück oder für einen Brunch und spätnachmittags für einen Sundowner – immer mit phantastischem Blick ins Isartal.

PULLACH

91 Der Sonnenwinkel
Wo die ganz Bösen wohnten

Diese Stadt ist so geheim, dass es sogar geheim ist, wann sie irgendwann nicht mehr geheim sein wird und der Bürger Zutritt zu den heiligen Hallen bekommt. Bis dahin aber muss sich derselbe mit dem Plan der Stadt begnügen, der mitten in Pullach steht und in Gedanken begangen werden kann, denn die sind ja bekanntlich frei.

Im Dritten Reich hausten hier die Bösen, wie ein Anwohner sagt: »Die richtig Bösen!« Also Leute wie Martin Bormann, Hitlers Vertrauter und Leiter der Parteikanzlei der NSDAP. Der sogenannte Sonnenwinkel war eine Mustersiedlung für mustergültige NS-Familien. Hier sollte die Idee des Nationalsozialismus baulich umgesetzt werden. Von 1936 bis 1945 lebte hier hinter Jägerzäunen das »Rasse-Ideal« der Nazis. Man war kinderreich – mindestens zwei – und selbstverständlich »politisch vollkommen auf Parteilinie«.

Zur Anlage gehörten das verbunkerte »Führerhauptquartier Siegfried«, eine Gärtnerei, ein Fahrerhof mit Werkstätten und Garagen sowie die Wohnhäuser für die Chauffeure und die Hausangestellten. Nachdem die Siedlung von den Bombenangriffen des Zweiten Weltkrieges weitgehend verschont geblieben war – zum Schutz vor möglichen Bombenangriffen waren die Häuser mit dunkler Tarnfarbe angestrichen –, wurde sie nach Kriegsende zunächst als Kriegsgefangenenlager und dann als Headquarter der amerikanischen Zensurbehörde genutzt. Dass der künftige Bundesnachrichtendienst seinen Hauptsitz in einer ehemaligen NS-Elitesiedlung bezog, störte die US-Amerikaner keineswegs.

Auch wenn man nicht in das Herz des damaligen Bösen und des ehemaligen BND vordringen kann, so kann man doch noch die Häuser außerhalb der Mauer sehen. Wo zum Beispiel das Fahrpersonal und die Hausangestellten lebten. Die einzelnen Domizile waren durch Mauern abgeschottet, damit die Familien ihre Privatsphäre hatten. Noch heute irgendwie beklemmend, diese Gegend.

Adresse Heilmannstraße, 82049 Pullach | ÖPNV S 7, 20, Haltestelle Pullach, circa 10 Minuten Fußweg | Anfahrt B 11 über Wolfratshauser Straße | Tipp Fast schon historisch ist die 1973 gebaute Kneippanlage an der Hochleite (Josef-Breher-Weg) am Waldrand.

RAMERSDORF

92 — Die Gustav-Adolf-Kirche
Hitler grüßt von oben herunter

Die Namensgleichheit ist Zufall: Diese Kirche ist nicht nach *dem* Adolf benannt, sondern nach König Gustav II. Adolf. Wie viele andere evangelische Kirchen auch. In ihrem Inneren aber findet man ein kleines Überbleibsel von *dem* Adolf, dem braunen. Auf dem Altarbild sieht man seine Hand, auf die für ihn typische Weise zum Hitlergruß mit eingeknicktem Daumen gereckt. Darüber ein Jackenärmel, aus dem der Rand des weißen Hemdes ragt.

Darunter sitzt herrisch der arisch blonde Germanen-Jesus-Hüne. Mit blaugrauen Augen. Rechts neben ihm seine ebenfalls blonde, kräftige Arierfrau mit dem gebärfreudigen Becken, links von ihm Erzengel Michael mit Schwert und ohne Heiligenschein. In der NS-Ideologie galt Michael als Wiederkehr des germanischen Schlachtengottes Wodan, und der hatte ja nun auch keinen Heiligenschein. Die Höllenqualen der Verdammten auf dem unteren Altarbild scheinen wie eine Vorschau auf die Qualen der Juden im Konzentrationslager. Gemalt hat das Opus Hermann Kaspar, ein Lieblingskünstler Hitlers.

Rechts und links des Kircheneingangs sind an der Außenwand die zwölf Apostel dargestellt. In ihrer Begleitung der Adler des Evangelisten Johannes, hier als Reichsadler mit rotem Heiligenschein dargestellt. Auf dem Altargemälde in der Kirche taucht er rechts oben noch einmal auf.

1933 und 1941 wurden allein im Umkreis von München 39 evangelische und katholische Kirchen gebaut. Wobei sich ab 1933 wenig im Kirchenbau änderte, denn der damals übliche Stil in der Kirchenarchitektur ähnelte dem der 1920er Jahre und somit dem, den die Nazis später für Kirchen vorsahen: eine Rückbesinnung auf die Romanik, von den Nazis als »germanischer Stil« umgedeutet. Angesagt waren kahle Wände und wenige, im oberen Drittel der Kirche angelegte, kleine Rundbogenfenster. Dunkle, ernste und massive Burgenkirchen. 1935 wurde die Kirche mit wehenden Hakenkreuzfahnen eingeweiht.

Adresse Hohenaschauer Straße 3, 81669 München-Ramersdorf | **ÖPNV** U 2, 7, Haltestelle Karl-Preis-Platz, Claudius-Keller-Straße, links Hohenaschauer Straße | **Öffnungszeiten** Mo – Fr 9 – 16 Uhr | **Tipp** Die Gustav-Adolf-Kirche ist eng verwoben mit der Mustersiedlung Ramersdorf, einer Bauausstellung des Jahres 1934. Über einen Fußweg durch die Grünanlage kommt man zur neu renovierten Kirche Maria Ramersdorf, die als die älteste Wallfahrt Deutschlands gilt. Unbedingt anschauen: den neuen Altar aus dem seltenen Carraramarmor »Van Gogh«.

SOLLN

93 — Das Archiv Geiger
Ich seh rot!

Gefühlt weit draußen am Ende der Stadt in einem romantisch verwilderten Garten versteckt liegt das Atelier von Rupprecht Geiger (1908–2009), einem der großen Vertreter der Gegenstandslosen Malerei Deutschlands der Nachkriegszeit.

Da Geiger sein Atelier in Solln nicht in die Höhe bauen durfte, hatte er es halt als Bungalow in die Länge gebaut. Und in die Tiefe. Denn dort unten im Keller ist des Künstlers Alchemistenklause. Hier stehen noch die leuchtenden Farbpigmente in großen Kübeln, die Pinsel im Becher, und hier ist alles mit Farbe besprenkelt. So, als hätte er gerade das Atelier verlassen.

Geiger arbeitete als Kriegsmaler in Russland, dort schrieb er in sein Tagebuch: »Der Himmel ist von beispielloser Farbenpracht … Ein Morgenhimmel ist am Horizont, blaugrau und geht nach oben in violett über, dann ganz schnell über gelb und grün zu stahlblau.« Wie er in Russland die Farben kennenlernte, so lernte er in Griechenland das Licht kennen. Nach dem Krieg schrieb er: »Die Abkehr vom Gegenständlichen … hat ihren tiefen Grund. Diese Menschheit hat sich zutiefst verdächtig gemacht. Der herrlichste Frauenkörper hat nun den Makel auf dem Leib, die Frucht dieser bösen Sippe zu tragen … Die Form muss noch einfacher, bescheidener werden und dabei von inbrünstiger Liebe zur Farbmaterie …«

Rupprecht wandte sich nun allein der Wirkung der Farben zu. Er malte sie in geometrischen oder organischen Formen, ohne Perspektive oder Bezug auf die örtlichen Lichtverhältnisse. Farbe pur – darum ging es ihm.

Beim Gang durch die Räume und das Archiv versteht man Geiger, der in den 1970er Jahren sagte: »Rot ist die Farbe der Potenz. […] Rote Farbe sehen, fühlen, hören, erfrischt, macht stark – gibt dir Kraft.« Hier im Atelier kann man gut nachvollziehen, warum einer farbige Kreise auf hellem Untergrund dargestellt hat.

Adresse Muttenthalerstraße 26, 81477 München-Solln | **ÖPNV** U 3, Haltestelle Aidenbachstraße; Bus 133, Haltestelle Plattlinger Straße, 10 Minuten Fußweg | **Öffnungszeiten** MORGEN ROT: Mo 10–14 Uhr, ABEND ROT: Di 17–20 Uhr, an Feiertagen geschlossen, mehrmals im Monat öffentliche Führungen, Termine unter www.archiv-geiger.de | **Tipp** Der Besuch des Ateliers lässt sich gut mit MVV-Fahrten zu seinen Werken im öffentlichen Raum verbinden: U-Bahn-Station Machtlfinger Straße, die Fassade des Münchner Hauptbahnhofs, das »Gerundete Blau« am Gasteig sowie die Joseph-von-Fraunhofer-Schule in Fürstenried.

94 — Der Waldfriedhof
Das Grab der Vera Brühne

Vera Brühne – unter einem anderen Namen beerdigt –, Opfer und vielleicht auch Täterin in einem der spektakulärsten Kriminalfälle der Nachkriegszeit, war eine ungemein schöne, elegante, selbstbestimmte Frau. Sie wurde gemeinsam mit ihrem Bekannten Johann Ferbach angeklagt und verurteilt, den Münchner Arzt Otto Praun und dessen Geliebte aus Geldgier ermordet zu haben. Beide wurden am 19. April 1960 in Prauns Villa in Pöcking am Starnberger See ermordet aufgefunden. Nachdem zuerst von einem erweiterten Suizid ausgegangen worden war, verdächtigte man Vera Brühne als Täterin, nachdem sie als Erbin von Prauns Finca in Spanien feststand. Die Leichen der Opfer wurden obduziert und 1961 Mordanklage gegen Brühne und Ferbach erhoben.

Ein Medienrummel sondergleichen begann. Der »Stern« erklärte sie für schuldig, bevor der Schuldspruch gesprochen war, und zeigte die Angeklagte als laszive Frau im hochgeschlitzten Leopardenkleid. Dass sie das für ein Kostümfest anprobierte, verschwieg die Illustrierte geflissentlich. Brühne und Ferbach wurden für schuldig befunden. Vera Brühne verblieb 18 Jahre in Einzelhaft im Frauengefängnis Aichach und wurde dann begnadigt – durch Franz Josef Strauß persönlich, der nach Meinung mancher einer der Drahtzieher im Umfeld der wirklichen Mörder gewesen sein soll.

Die Bestattung auf dem Waldfriedhof Solln fand unter Ausschluss der Öffentlichkeit statt. Bis heute kennt kaum jemand das Grab der Vera Brühne, denn sie ist bei ihrem ersten Mann, dem Schauspieler Hans Cossy, beerdigt. Und so steht auf ihrem Grabstein nicht »Brühne«, sondern Vera Gunkel. Bestatten ließ ihre Urne ihr Adoptivsohn, der sie im weißen Seidenkleid von Valentino, in ihren besten Schuhen und mit einem Cachenez angetan einäschern ließ.

Auf dem Friedhof und an einer alten Eichenallee an der Warnbergstraße wächst die seltene Flechte *Bryoria fuscescens*.

Adresse Warnbergstraße 2, 81479 München-Solln | **ÖPNV** S 7, Haltestelle Solln | **Öffnungszeiten** Nov.–Feb. 8–17 Uhr, März 8–18 Uhr, April–Aug. 8–20 Uhr, Sept.–Okt. 8–19 Uhr | **Tipp** Am S-Bahnhof Solln erinnert ein Denkmal an Dominik Brunner, der hier 2009 ermordet wurde. Von der Warnbergstraße, einer Stichstraße, die von der Wolfratshauser Straße abzweigt, kommt man auf Münchens höchsten Gipfel, die 579 Meter hohe Balde-Höhe.

95 Das Hotel Bayerischer Hof
Wo Sisi abstieg

Manche Häuser können sich das bewahren, diese Patina, dieses Gefühl, als stehe man in der Geschichte. Der Bayerische Hof ist eins dieser Häuser, er lässt den Besucher auf eine Zeitreise in Ludwigs Welt gehen.

Hier stieg Kaiserin Sisi 24 Sommer lang mitsamt großem Gefolge ab, hier traf sie sich mit König Ludwig. Im Rückgebäude des Hotels standen einst die Droschken des Königs und der Kaiserin. Darüber wohnten die Stallburschen. Das Haus ist ganz in Schönbrunner Gelb gehalten, der Fassadenfarbe österreichischer Prunkbauten mit dem aus Frankreich oder Italien stammenden Pigment Goldocker. Erbaut von keinem Geringeren – zumindest nimmt man so an – als Leo von Klenze, Hofarchitekt von König Ludwig I., der nicht nur München griechischer als Athen gestaltete, sondern auch die Neue Eremitage in Petersburg gebaut hat. Er gilt als einer der bedeutendsten Architekten des Klassizismus.

Das Café Prinzregent war seinerzeit nur die Abstellkammer, heute vermittelt es das Gefühl der »guten alten Zeit«, die allerdings nur kopiert wurde, denn das Café existiert erst seit einigen Jahrzehnten. Historisch im Inneren des Hotels sind der Treppenaufgang mit dem alten Spiegel und der Kronleuchter.

Wann genau das Hotel mit seinem herrlichen Blick auf den Starnberger See erbaut wurde, ist heute nicht mehr zu klären. Ein Reiseführer aus dem Jahr 1866 schreibt: »Der Gasthof des Hrn. Florenz unmittelbar am Bahnhofe geht seiner Vollendung entgegen.« Und im Baedeker aus dem Jahr 1873 wird das Hotel bereits als erstes Haus am Platz aufgeführt. Im Fin-de-Siècle erlebte das Haus seine Blütezeit. Mit dem Ende des Ersten Weltkriegs begann der Niedergang, 1942 bis 1945 diente das Hotel sogar als Lazarett. Mitte der 80er Jahre konnte ein massiver Bürgerprotest gerade noch den Abriss verhindern. Heute steht der Bayerische Hof unter Denkmalschutz. Gut, dass es Häuser wie dieses noch gibt.

Adresse Bahnhofplatz 12, 82319 Starnberg | **ÖPNV** S 6, Haltestelle Starnberg, links | **Anfahrt** B 2 nach Starnberg | **Öffnungszeiten** Restaurant täglich 7–18 Uhr, warme Küche 12–17.30 Uhr | **Tipp** Der Bootsverleih Beutelmann an der Uferpromenade vermietet neben Elektrobooten auch stilvolle alte Boote wie die »Wilhelmine« von 1957.

STARNBERG

96 Das König-Ludwig-Denkmal
Er hat viel hinter sich

Preußen und andere Außerbayerische stehen staunend da und rätseln, warum ihnen der Mann – durchaus gut aussehend – irgendwie bekannt vorkommt. Nun, es handelt sich um den bekanntesten Bayern weltweit. Um König Ludwig II. höchstpersönlich. Geschaffen vom Bildhauer Wirt nach einer Fotovorlage aus dem Jahr 1875, als der König erst 30 Jahre alt und nach dem Urteil des Bildhauers noch »von klarem, zielstrebigem, gesundem Blick« war.

Anlässlich der Einweihung des Denkmals im Jahr 1984 sollte Ludwig II. »wieder aus dem Wasser steigen«, und so steht er nun inmitten eines Brunnenbeckens. Der Himmel weinte fürchterlich bei der Einweihung, so wie er es auch getan hatte, als der König ertrank.

Das Denkmal wird ein ewiges Rätsel bleiben, wenn man nicht den Brunnen umrundet und das königliche Haupt von hinten betrachtet – beziehungsweise das, was sich darunter verbirgt. Denn da sind die Sehenswürdigkeiten am König-Ludwig-Weg abgebildet, der vom Starnberger See bis nach Schloss Neuschwanstein verläuft. Von unten nach oben gelesen: der Starnberger See, nach seinem ehemaligen Namen zu Königs Zeiten als »Würmsee« bezeichnet, dann weiter zur Roseninsel, symbolisiert durch eine Rose, dann Schloss Berg. Kenner wissen um den Turm »Isolde«, den der König einst dort bauen ließ, im See liegt der legendäre Dampfer »Tristan«. Dann drei Masken, die die Villa Pellet in Kempfenhausen symbolisieren, Geschenk des Königs an Richard Wagner. Dem Weg weiter folgend kommt man an Kloster Andechs vorbei, anschließend sieht man den König bei einer seiner legendären Schlittenfahrten. Vorbei an zwei weiteren Kirchen, Mariä Himmelfahrt in Hohenpeißenberg und St. Coloman in Schwangau – sie gehören zu den vier wichtigsten Wallfahrtskirchen der Region –, geht es nach Neuschwanstein und Hohenschwangau. Und als Reminiszenz an Schloss Linderhof sieht man die Venusgrotte.

Adresse Bahnhofsplatz 2, 82319 Starnberg | **ÖPNV** S 6, Haltestelle Starnberg, rechts raus, 3 Minuten Fußweg | **Anfahrt** B 2 Richtung Starnberg, mit Blick zum Bahnhof links auf der anderen Straßenseite | **Tipp** König Ludwigs Hofkoch Theodor Hierneis hat den Grundstein für das Delikatessengeschäft Schindler in der Maximilianstraße gelegt.

ST. OTTILIEN

97 Bayerns schönster Bahnhof
Kopftuch und Kittelschürze

»Pikieren heißt das, pikieren«, sagt Elisabeth Polkde, wenn Münchner Städter ihr beim Einsetzen kleiner Pflänzchen zuschauen. Geduldig verwandelt sie den denkmalgeschützten Bahnhof von St. Ottilien und ihr ebenfalls denkmalgeschütztes Wohnhaus, seinerzeit das Bahnwärterhaus, Stück für Stück in ein blühendes Paradies. In einer Zeit, wo mehr und mehr Steinwüsten statt Blumengärten entstehen und Provinzbahnhöfe mehr und mehr zu verfallen drohen.

Wer nach dem Klosterbesuch in St. Ottilien zurück nach München oder an den Ammersee fährt, der fühlt sich hier wie in eine andere Zeit versetzt, wenn die Schlesierin – seit Jahren verwitwet – mit dem Kopftuch und der Kittelschürze ruhig und geduldig Unkraut aus den Blumenbeeten zupft oder Gießkanne für Gießkanne zum Blumenbeet trägt. Denn Gießen mit dem Schlauch, nein, das mag sie den Blumen nicht zumuten.

Sie gehört zu der Million Schlesier, die nach dem Krieg in Bayern strandeten. Hier in St. Ottilien kurbelte sie früher die Schranken am Bahnübergang mehrmals am Tag rauf und runter. Oder sie schrieb in Schönschrift die Fahrkarten aus; das alte Fahrkartenhäuschen steht noch abseits vom Bahnhof.

Den alten Leiterwagen hat ihr jemand von der Bahn gebracht, ganz verfault war er, sie hat ihn wieder hergerichtet. Das Kloster hat den Bahnhof vor Jahren von der Bahn gekauft, auf dass niemand Unpassendes hierherziehe. Einst war der Bahnhof nicht nur für die Pilger da, auch für das Kloster selbst war er zum Überleben wichtig, weil es von hier aus versorgt wurde und auch seine Produkte vertreiben konnte. Das heutige Bahnhofsgebäude stammt aus dem Jahr 1938, man sieht es am »Heimatstil«, der damals en vogue war, und an dem Bild an der Hauswand, das den Missionsgedanken von früher zeigt: weißer Mann bekehrt schwarzen Mann.

Übrigens: Der Bahnhof wurde 1898 eröffnet. Historisch ist er also auch noch.

Adresse Bahnhof St. Ottilien, 86941 St. Ottilien (Eresing) | **ÖPNV** Bahnlinie Augsburg–Weilheim, alle Züge halten in St. Ottilien, S 4, Haltestelle Geltendorf, von dort 20 Minuten idyllischer Fußweg | **Anfahrt** A 96 Richtung Lindau, Ausfahrt Windach, Richtung Eresing/St. Ottilien, Abzweigung nach St. Ottilien zwischen Eresing und Geltendorf | **Tipp** Der jüdische Friedhof schräg gegenüber vom Bahnhof erzählt die spannende Geschichte der Juden in St. Ottilien.

ST. OTTILIEN

98 Die Melkkathedrale
Kühe, Kommunion, Kathedrale

Selbst die Landwirte aus der Umgebung kommen hierher, um beim Melken zuzusehen. Aber auch Besucher aus München. Wo sonst kann man von einer Zuschauertribüne aus den Betrieb im Stall und auf dem Melkkarussell beobachten?

92 Meter lang, 29 Meter breit und zwölf Meter hoch ist der Kuhstall des Klosters, wegen dieser kathedralenartigen Ausmaße »Kuh-Kathedrale« genannt. Aber nicht nur deswegen: Der Stall ist dreischiffig wie eine Kathedrale, über dem Altarbereich, in dem Fall dem Melkbereich, hängt ein großes Kreuz, und die Kühe gehen zweimal am Tag zur Kommunion, also zum Melken. Dabei stellen sie sich wie die Gläubigen in der Kirche in den Mittelgang. Und dann heißt es für jede Kuh warten, bis sie an die Reihe kommt, um ins Melkkarussell einzuparken. Zuerst nach vorne, dann leicht nach links drehen und dann rückwärts rein. Nach dem Melken durch den Hohepriester, Pardon, die Melkmaschine geht dann jede Kuh gemessenen Schrittes in ihre Kirchen-, Pardon, Kuhbox zurück. Hell, luftig und kühl ist es hier, eine Wetterstation auf dem Dach prüft Temperatur und Sonneneinstrahlung und regelt entsprechend die beweglichen Kunststoffbahnen, die den Stall statt Wänden umgeben.

Melkroboter, bei denen eine Maschine das Melkgeschirr anlegt, gibt es keine, »Kuhbauer« Pater Tassilo ist der persönliche Kontakt zu den Tieren wichtig. Anders als in Betrieben, wo Kühe, die mit den Melkrobotern nicht zurechtkommen, sofort geschlachtet werden, dürfen sich die Tiere in St. Ottilien unter menschlicher Anleitung an das Melkkarussell gewöhnen.

Ausgerechnet in einem Kloster achten die Kuhhalter auf die sexuelle Erfüllung der Tiere: Wenn die Kuhmönche merken, dass die Kühe bullig werden, dann ist eine Samenspende fällig, aber nicht für das »erste Mal«: denn da darf die Kuh noch zum Stier zum »Natursprung«. Sie soll ja glücklich werden, die Kuh. Nicht nur wegen des Christentums, sondern auch der besseren Melkleistung wegen.

Adresse Erzabtei St. Ottilien, Erzabtei 1, 86941 St. Ottilien | **ÖPNV** S 4, Haltestelle Geltendorf, 25 Minuten idyllischer Fußweg, in Geltendorf Umsteigemöglichkeiten Richtung Weilheim zum Bahnhof St. Ottilien | **Anfahrt** A 96, Ausfahrt Schöffelding, Richtung Eresing links abbiegen, ab Eresing Beschilderung nach St. Ottilien folgen | **Öffnungszeiten** Melkzeiten 4.30 und 15 Uhr, Führungen Klostergelände: So 14 Uhr, Treffpunkt Kirchplatz vor der Klosterkirche | **Tipp** Im Hofladen werden köstliche Käsesorten und andere Produkte des Klosters verkauft.

THALKIRCHEN

99_Die Villa Flosslände
Sommerfrische und Wintertraum

Schon von außen ist sie der Hingucker: die blassgelbe Villa im Dornröschenstil mit dem kleinen Türmchen, um die Jahrhundertwende im Stil der Neorenaissance erbaut. Es hätte mal eine ganze Villenkolonie werden sollen, gebaut wurden aber nur drei der Schlösschen. In einem ist seit mehr als zehn Jahren ein Restaurant eingezogen. Aufgeteilt in Wohn-Esszimmer, Turmzimmer, Galeriezimmer, Fischhütte und Spielplatz. Überall Geschmackvolles: ein alter Teekocher aus Marokko, eine Sammlung ausgefallenster Teekannen, Lampen aus Kokosnüssen, ein prachtvoller Kandelaber aus Motorteilen und als Glanzstück eine Lampe aus einem ausgebrannten Olivenstamm.

Im Sommer sitzt man im Freien unter einer riesigen 280 Jahre alten Rotbuche, beäugt von Schmitty, dem mehr als mannsgroßen Holzpapagei. Sobald die Hupe aus dem Film »Tschitti Tschitti Bäng Bäng« ertönt, ist wieder ein Essen zum Abholen bereit. Für die Kinder gibt es die Spielecke mit Trampolin, Klettergerüst und Buddelecke auf einer Art Fluss.

Übrigens: An was erkennt man einen Menschen, ein Restaurant oder ein Land am allerbesten? An den Toiletten! Und die sind in der Villa Flosslände vom Allerfeinsten, mit schlangengebogenen Spiegeltischen bei den Männern, Gemälden und einer liebevoll gefliesten Ecke bei den Damen. Ebenso schön: die kunstvoll bemalten Türen des stillen Örtchens im Biergarten, die für die Buam und Mannsbuida und die für die Mad'l und die Weiberleit. Und selbst die Hunde dürfen auswählen zwischen Köterkiez oder der Zamperlschenke.

Noch ein heißer Tipp für kalte Winterabende: Dann ist es hier besonders schön, wenn drinnen der Kamin prasselt und draußen Glühwein ausgeschenkt wird. Man meint, weitab auf dem Land zu sein, und das in der Stadt.

Eine besonders gute Idee der Wirte: das »Isar-Picknick«. Man holt sich bei ihnen den Korb mit Leckereien und Stühle ab und zieht an die nahe Isar zum Picknicken.

Adresse Zentralländstraße 30, 81379 München-Thalkirchen | **ÖPNV** U 3, Haltestelle Thalkirchen, rechts Richtung Thalkirchener Brücke, vor der Brücke rechts in Zentralländestraße, oder Stadtbus 135, Haltestelle Floßlände | **Öffnungszeiten** Mi – Fr ab 17 Uhr, Sa 15 Uhr, So und feiertags ab 11 Uhr | **Tipp** Die Villa Flosslände bedient vom Biergarten aus auch den Kiosk des Naturbades Maria Einsiedeln, also erst ins Freibad und dann in die Villa.

THALKIRCHEN

100 — Die Zwergenkolonie
Ein Ziel für Nanologen

Der Genozid verlief schleichend. Unbemerkt von der Öffentlichkeit und von der Presse. Eines Tages war ein ganzes Volk ausgerottet. Das Volk der Gartenzwerge. Nirgendwo, in keinem Baumarkt sind sie mehr anzutreffen. Vertrieben von den ach so friedlichen Buddhas. Die sich breitgemacht haben nicht nur in den Baumärkten des Landes und in den Vorgärten, nein, sogar in manch einem Schrebergarten wurden sie schon gesichtet! Ihre letzte Zuflucht haben die Zwerge in hippen Einrichtungsgeschäften gefunden, wo sie in neuem Design zu finden sind. Der Gartenzwerg ist sozusagen vom Draußen ins Drinnen gewechselt.

Sind die bayerischen Gärten mittlerweile gänzlich der kleinen Gnome beraubt? Nein, mitten in Maria Einsiedel hat sich klammheimlich eine kleine Kolonie erhalten. Und das ist gut so. Denn der Zipfelmützenmann ist ein Teil unserer Kultur.

Selbst die Heiligen Drei Könige haben die rote Zipfelmütze getragen, wie ein spätantikes Mosaik zeigt, dann der heilige Nikolaus und später die Jakobiner, die mit der gleichnamigen Mütze, auch als phrygische Mütze bekannt. Die Zwerge an sich gehen auf die Hofnarren zurück, die sich jeder Herrscher hielt. Während der Barockzeit sammelte man »Zwerge« gar, und wer sich keine lebenden leisten konnte, der stellte sich halt welche aus Stein in den Schlosspark. König Ludwig I. ließ seinerzeit die Gartenzwerge von Schloss Mirabell in Salzburg entfernen, auf dass seine schwangere Frau keinen Schreck bekäme angesichts der bizarren Kerlchen. Auch der Schöpfer des wunderschönen Münchner Cuivilliéstheaters hatte seine Karriere als Hofzwerg begonnen!

Der Zwergentrupp vor dem kleinen gelben Häuschen ist eine Augenweide für Nanologen, also für ausgemachte Zwergenfachmänner. Selbiger unterscheidet zwischen beseelten und unbeseelten Zwergen: Erstere sind selbstverständlich die ohne Messer im Bauch, nicht kopulierend oder sonst wie unartig oder – man stelle sich das vor! – *weiblichen* Geschlechts. Das geht ja gar nicht!

Adresse Benediktbeurer Straße 6, 81379 München-Thalkirchen | **ÖPNV** U 3, Haltestelle Thalkirchen, rechts Richtung Thalkirchener Brücke, vor der Brücke rechts in Zentralländestraße, von dort in Benediktbeurer Straße; oder Stadtbus 135, Haltestelle Floßlände | **Tipp** Das Asam-Schlössl, einst Wohnhaus des Barockkünstlers Cosmas Damian, ist heute ein Restaurant und märchenhaft schön.

101 Das Brainlab
Formel an der Front

Man könnte sagen, das hier ist ein Vorzeigeunternehmen der Schulmedizin, die ja manch einer für des Teufels hält. Besonders in der Zeit des Nationalsozialismus galten die Naturheilkunde und die Volksmedizin in der Hauptstadt der Bewegung als die besseren. Im Gegensatz zur »jüdisch-marxistisch durchsetzten« Schulmedizin, die als zu sozialmedizinisch und therapiefreudig und als zu »verjudet« verachtet wurde. Tempi passati.

Das Brainlab ist eine Firma der Zukunft, auch wenn sein Gründer und Inhaber einen altmodischen Namen trägt: Stefan Vilsmaier, ein Name, mit dem man eher einen bayerischen Heimatfilmer verbindet. Doch Vilsmaier gilt als eine clevere bayerische Version von Bill Gates. So hatte er vor 30 Jahren die Frontblende eines Commodore Amiga abmontiert und durch einen selbst gemachten Aufsatz ersetzt, der den Markennamen Brainlab trug, um so die Hardware für seine ersten Produkte professionell zu vertreiben. Einmal hatte er 450 Kilogramm Zusatzgepäck als Material für eine Studienarbeit kostenlos bei der Lufthansa eingecheckt, um es zu einer Jahrestagung für Neurochirurgie zu befördern. Auf der Messe dann hat er sich mit seinem Kumpel und Kollegen auf der Toilette versteckt, um nachts unbemerkt den Messestand aufzubauen, der laut der Gewerkschaft von teuren Arbeitskräften hätte zusammengesetzt werden müssen.

Heute ist das Brainlab ein Anbieter von softwaregestützter Medizintechnik, die in 4.000 Krankenhäusern sowie in den meisten der weltweit führenden Krebszentren und in allen 36 deutschen Universitätskliniken eingesetzt wird. Mit den Geräten und der Software können Patienten schonender und zielgerichteter behandelt werden.

Der ehemalige Flughafen-Tower soll als Hauptsitz von Brainlab als Leuchtturm der Medizintechnik dastehen. Auf der Front des Gebäudes ist die Formel des ersten Gehirnscans aufgedruckt, der mit einem Brainlab-Gerät gemacht wurde. Die ganze Formel hatte allerdings keinen Platz …

Adresse Olof-Palme-Straße 9, 81829 München-Trudering-Riem | **ÖPNV** U 2, Haltestelle Messestadt West, am Messegebäude vorbei und geradeaus | **Öffnungszeiten** nur von außen zu besichtigen | **Tipp** Immer sehenswert: Stefan Hubers Regal im Messesee, das einerseits die Messe, andererseits auch die Nähe des Ortes zu den Alpen symbolisiert. Hinter den Riem-Arcaden liegt der Platz der Menschenrechte – mit seinen Eichenstammbänken, knorrigen Kiefern und einem Kunstobjekt ein Ruheort.

102 — Der Friendship Garden
Auf dem Wasser durch die sieben Hügel

Gefühlt abgelegen in den nordwestlichen Weiten des Münchner Westens schlängelt sich der Ohio durch die Prärie, genauer gesagt durch den Cincinnati-Garten, ein Geschenk von Münchens Partnerstadt anlässlich der BUGA 2005. Nur knapp 1.000 Quadratmeter misst das Stück Cincinnati und ist doch eine ganze Region.

Man geht entlang des glitzernden Fußwegs aus grünlich gefärbtem, mit Glassplittern vermischtem Asphalt, der den Ohio darstellen soll, eingebettet in die sieben »Cincinnati-Hügel«, die am Ufer aufgeschüttet wurden. Sie stellen die Erdhügel dar, die einst die Indianer im Talraum von Cincinnati hinterlassen haben. Die kleinen Felsen und Mauern aus Kalkstein symbolisieren die vom Fluss freigespülten Felshänge und der rötliche Asphalt der beiden Eingangsbereiche die rote Erde Cincinnatis.

Die 3.500 in Gelb, Blau und Lila blühenden Stauden, Sträucher und Gräser wie Perovskien, Fetthennen, Iris, Katzenpfötchen oder Sonnenhut erinnern an die Prärielandschaft rund um Cincinnati. Auch wenn dies nicht genau die gleiche Vegetation ist wie in den USA – die hätte in Münchens Klima keine Chance –, so gehören die Pflanzen doch zur gleichen Gattung.

Am Westeingang findet man einen symbolischen Stadtgrundriss von Cincinnati, gestaltet von der amerikanischen Künstlerin Jan Brown-Checco. Das Mosaik am Ost-Entrée – es zeigt den Stadtgrundriss Münchens – entwarf die Münchner Künstlerin Suzanne Bühler. Münchens originellster und hübschester Stadtplan. In der Mitte der Liebfrauendom, unterhalb die Gleise und der Bahnhof, rechts daneben ein Riesenrad auf dem Oktoberfest, links oben der Englische Garten mit dem Monopteros und dem Kleinhesseloher See.

Um 1900 sind rund zwei Drittel der Bürger Cincinnatis deutschstämmig, die Freundschaft zwischen der amerikanischen Stadt und München wurde am 18. September 1989 von Oberbürgermeister Georg Kronawitter und Mayor Charles J. Luken offiziell besiegelt.

Adresse Riemer Park, 81829 München-Trudering-Riem | **ÖPNV** S 2, Haltestelle Messestadt-West, an der Messe vorbeigehen, circa 10 Minuten Fußweg | **Tipp** In den Weg von der U-Bahn zum Garten sind die Einflugschneisen des ehemaligen Flughafens Riem eingelassen. In München-Riem gibt es einen sehr speziellen, kleinen Frauen-Friedhof: ein stilles Stück Wiese unter dem kühlen blauen Kunstwerk »Raumzeichnung III«.

TRUDERING-RIEM

103 Pro aurum
Münzen zu Wänden

Gold! Gesamtkunstwerk! Genial! Und das Geniale ist wie immer ganz einfach, man muss nur darauf kommen. Der Architekt dieses Gebäudes, Rainer Freitag, hat einfach ein Gebäude in Form eines Goldbarrens erdacht, 42 Meter lang, 23 Meter breit und 8 Meter hoch, entsprechend dem Volumen der bis heute weltweit geförderten Goldmenge. Corporate architecture nennt man das, das Gebäude soll gleich zeigen, um was es hier geht. Hochglänzendes Äußeres und zurückgenommenes, seriöses Inneres. Überall Formen, die an Nuggets, Barren oder Münzen erinnern. Die großformatigen goldfarbenen Fassadenplatten wurden aus alten, recycelten Münzen gefertigt. Gold steht für Werthaltigkeit, Beton für Aufbruch und Basalt für Kathedralen sowie Solidität und Beständigkeit.

Auch im Inneren ist das Gebäude sehenswert. Diskret soll es hier zugehen, aber ohne wuchtige dunkle Zimmertüren. Im Erdgeschoss ist eine kleine Ausstellung zum Thema »Gold und Edelmetalle« zu sehen. Ausgestellt ist die bis dato größte Goldmünze Europas. Zum 15-jährigen Jubiläum der Wiener Philharmoniker geschaffen, wiegt sie stolze 31,3 Kilogramm und hat einen Nennwert von 100.000 Euro.

Und wer noch ein Geschenk sucht für jene, die schon alles haben: Wie wäre es mit der Wiedmann-Bibel, in 16 Jahren vom Stuttgarter Künstler Wiedmann geschaffen und nun in 333 Exemplaren mit 23.333 Bildern und goldenem Heißfolienumschlag auf dem Markt. Im pro aurum wird Gold als Barren, als Münze oder als Schmuck verkauft, gekauft, begutachtet, gewertet und auch aufbewahrt. »Nach dem Golde drängt, am Golde hängt doch alles«, so einst Johann Wolfgang von Goethe.

Beim Firmennamen stutzen alte Lateiner, denn ihnen wurde eingebläut: »A, ab, abs, ex, e und de, cum und sine, pro und prae stehen, wie Ovid schon rief, immer mit dem Ablativ.« Für Nichtlateiner: Korrekt müsste es Pro auro heißen.

Adresse Joseph-Wild-Straße 12, 81829 München-Trudering-Riem | **ÖPNV** U 2, Haltestelle Messestadt-West; Tram 139, Haltestelle Paul-Wassermann-Straße | **Öffnungszeiten** Mo, Di 9–12.30 und 14–17.30 Uhr, Mi 9–12.30 Uhr, Do 9–12.30 und 14–19 Uhr, Fr 9–17.30 Uhr | **Tipp** Linker Hand des pro aurum steht das Auktionshaus Ketterer Kunst, dessen Fenster wie ein Bilderrahmen gestaltet ist.

UNTERFÖHRING

104 Der Obelisk
Innovativer Krieg

Wir schreiben das Jahr 1806: Bayern ist durch Napoleons Gnaden Königreich geworden. Und Bayern braucht nach mehreren Kriegsjahren und früheren Phasen der Misswirtschaft Geld. Napoleon seinerseits braucht genaue topografische Kenntnisse, denn schnelle Truppenbewegungen, also eine rasche Beförderung von Mensch und Material, sind entscheidend im Krieg. Und dafür muss man über Hügel, Berge und Täler, Wasserläufe, Siedlungen und Straßen genau Bescheid wissen. Daher sammelten die französischen Generäle Karten aus ganz Europa.

Bayerische Geometer und Zeichner sollten also mit französischen Offizieren zusammenarbeiten. Der Ärger war vorprogrammiert. Die Franzosen ihrerseits wollten ihre »revolutionäre« Maßeinheit Meter, die Bayern dagegen an der Rute festhalten, die etwa 2,90 Metern entspricht. Am Ende von Krieg und Krise einigt man sich im Februar 1801 darauf, dass die neue Karte den Bayern gehören wird, die Franzosen jedoch eine Kopie erhalten.

Auf dem Weg zum modernen Staat müssen nun 70 ehemals selbstständige Territorien mit unterschiedlichsten Rechts-, Verwaltungs- und Finanzsystemen miteinander vereint werden. Haupteinnahmequelle ist im frühen 19. Jahrhundert die Grund- und Gebäudesteuer, doch in dem jungen Königreich gibt es 114 verschiedene Berechnungsarten. Eine Vermessung Bayerns als Grundlage der Steuererhebung ist schon deshalb unabdingbar.

Für die Vermessung ist das flache Erdinger Moss sehr geeignet, da die Basislinie durch eine flache Landschaft führen soll. Die Länge der direkten Basislinie: 21.653,80 Meter. Moderne Satellitenmessungen zeigen: drei Zentimeter Abweichung auf einen Kilometer der Grundlinie!

Über den Endpunkten der Basislinie werden später Steinpyramiden gebaut, die heute noch zu sehen sind. Eine Verlängerung der Basislinie trifft auf die Spitze des nördlichen Turms der Frauenkirche in München, Nullpunkt des bayerischen Koordinatensystems.

Adresse Föhringer Ring, 85774 Unterföhring | **Anfahrt** A 99, auf A 9, nördlich der Abzweigung Föhringer Ring und Kreisstraße, am Denkmal rechter Hand vorbeifahren bis zur kleinen Parkbucht auf der rechten Seite, von dort wenige Gehminuten | **Tipp** Alles da im großen Dream-Bowl-Palace in der Apianstraße 9: Bowlingcenter mit 52 Bahnen, 18-Loch-Indoor-Minigolfplatz, Billardtische, eine Bar und ein Restaurant.

UNTERFÖHRING

105 Der Suppenbrunzer
Ein Museum zum Anfassen

Schon von außen einfach nur einladend ist das Museum Feringer Sach in den Räumen des ehemaligen Gandl-Kinos. So liebenswert das Haus mit seinen von Ehrenamtlichen aufs Allerschönste dekorierten Wechselausstellungen zum Thema »Leben in Föhring« auch ist, eines der Dauerexponate ist doch besonders skurril: der Suppenbrunzer.

Das Katholisch-Bayerische kann ja manchmal recht derb sein und verknüpft gern das Religiöse mit dem Vulgären. Und so gibt es neben dem Kuttenbrunzer (sturzkonservativer Mensch) und der Brunzkachel (alte Schachtel) eben auch den Suppenbrunzer. Es handelt sich dabei um einen Beweis tiefer, hauptsächlich niederbayerischer und österreichischer Volksfrömmigkeit. In der Pfingstzeit wurde eine gläserne Kugel aufgehängt, in der sich eine weiße Taube befand – seit frühchristlicher Zeit das Symbol für den Heiligen Geist. Die Kugel fand ihren Platz im Herrgottswinkel über dem Esstisch. Wenn dann darunter die heiße Suppe beim Essen dampfte, kondensierte das Wasser an der Kugel, und der Heilige Geist brunzte in die Suppe.

Volkskundler nennen die Kugel deswegen Heilig-Geist-Kugel. Sie dient auch als Schutz vor dem Teufel und bösen Geistern. Weiterhin war sie ein Orakel: Je nachdem wie sich der Vogel in ihrem Inneren bewegte, konnte man die Zukunft deuten. Und da man dergleichen ja immer noch gebrauchen kann, werden die Kugeln noch heute wie eh und je im Bayerischen Wald hergestellt. Einst dienten sie der bitterarmen Gegend auch zur Arbeitsbeschaffung: Die Taube wurde im Winter von Holzfällern in Heimarbeit aus Holzresten hergestellt, die Kugel dazu von Glasbläsern geschaffen.

Im liebenswert eingerichteten Unterföhringer Heimatmuseum, geführt von Ehrenamtlichen, lässt so manches staunen: so auch der hölzerne »Klingelbeutel« mit der Rose. Wo die Rose angebracht war, konnte man auf Verschwiegenheit zählen. »Sub Rosa« hieß das früher.

Adresse Feringer Sach Museum, Bahnhofstraße 12, 85774 Unterföhring | **ÖPNV** S 8, Haltestelle Unterföhring, 5 Minuten Fußweg | **Öffnungszeiten** Mi 16.30–19 Uhr, jeden 1. So im Monat 14–17 Uhr | **Tipp** Zum Museum gehören eine historische Schlosserwerkstatt in der Münchner Straße 74 und ein umfangreiches Depot in der Gaußstraße 10.

UNTERHACHING

106 — Der Landschaftspark
Alle werden glücklich

Was für ein Gefühl! Welch Gänsehauteffekt! An einem grauen Tag mitten auf der Start- und Landebahn eines Flughafens spazieren zu gehen, in die schier endlose Weite vor sich, und dabei ganz allein zu sein. Im Unterhachinger Landschaftspark, von dem viele Münchner nur eines sagen: nie gehört.

Bis 1991 wurde das Gelände als Fliegerhorst genutzt. Im Gegensatz zu Heeresflughäfen ist beim Fliegerhorst der Unterkunfts- und Verwaltungsbereich einige Kilometer entfernt, eine Sicherheitsmaßnahme im Fall von Angriffen. Was zu verschiedenen Postleitzahlen und Adressen führt: Der Fliegerhorst Neubiberg liegt ebendort, die dazugehörige Landebahn nebst heutigem Landschaftspark in Unterhaching.

Das riesige, flache Gelände ist in eine Hundemeile, einen Panoramahügel, eine Schafweide, einen Funpark nebst einem kleinen Tiergehege, einen Beachvolleyball- sowie einen Bolzplatz und eine Streuobstwiese aufgeteilt. Am Zugang in Unterhaching befindet sich eine Aktivinsel, eine idyllische Outdoor-Fitnessanlage. Die Picknicker sitzen am Bach, die Sonnenanbeter liegen auf dem Holzsteg über dem Bach. Den größten Spaß haben aber alle in dem kleinen Kneippbereich direkt im Bach, eine herrliche Erfrischung an heißen Tagen und eine wunderbare Fußmassage durch die Kiesel im Bachbecken. Aber Vorsicht, Rutschgefahr!

Ein Toilettenhäuschen steht auch da, und für alle Fälle wächst am Bach die Pestwurz, auch Arschwurz genannt – das Toilettenpapier der Menschen der Bronzezeit. Achtung, hinhören: Am Himmel oben tirilieren die Lerchen, ein mittlerweile selten gewordener Gesang.

Am Rand fließt der Hachinger Bach, der rechts der Isar innerhalb der Münchner Schotterebene entspringt. Obwohl er nur wenig Wasser führt, diente er doch schon zur Römerzeit zum Antrieb von Mühlen. Von den fünf Mühlen, die es bis ins späte 20. Jahrhundert in Unterhaching gab, ist keine mehr in Betrieb.

Adresse An der Hachinger Haid, 82008 Unterhaching | **ÖPNV** S 3, Haltestelle Unterhaching, 10 Minuten Fußweg zum Park | **Anfahrt** A 8, Ausfahrt Unterhaching-Nord, Münchner Straße | **Öffnungszeiten** rund um die Uhr | **Tipp** Spuren der ehemaligen Mühle am Unterhachinger Bach sieht man noch in der Hauptstraße, wo er malerisch durch den Ort fließt.

WOLFRATSHAUSEN

107 — Der Campingplatz Anno 72
Home sweet home

Die Holzhütte, in der heute die Bar des Campingplatzes untergebracht ist, stand vor mehr als 100 Jahren am Loisacher Wehr, wurde dann 1928 abgetragen und hierher an den sogenannten Badweiher versetzt. Daraus entwickelte sich im Laufe der Zeit ein kleiner Badebetrieb. Nach dem Krieg sollen hier amerikanische Soldaten Boxkämpfe ausgetragen haben. Die Lage ist ideal: einen Katzensprung von der Wolfratshauser Innenstadt entfernt und doch im Grünen und ruhig. Der Name des Campingplatzes ist keineswegs seinem Geburtsjahr geschuldet, sondern dem seines Inhabers.

Im Krämerladen, zugleich kuschlige Bar, gibt es alles für Notsituationen bis hin zum »Stöpfel« und zur »Zipfelmütze«. Es sind die liebenswerten Details, die einem auf diesem Platz sofort ins Auge fallen. Die Campingküche auf einem alten Leiterwagen, geschmückt mit allerlei altem Kochgerät wie Reiben und – praktisch! – einer Tafel, auf der steht, welches Gewürz zu welchem Essen passt. Kochgeschirr kann man sich mieten. Dann die Wohnzimmerecke, ach, wie früher mit einer Stehlampe, einem Kunstledersofa, einem gut bestückten Bücherregal, einem Couchtisch (aus einem durchgeschnittenen Baumstamm) und – für die Nordlichter – einem Strandkorb.

Tagsüber können die Kinder auf dem Spielplatz nebenan toben, der Hund an der Leine schaut zu. Es gibt Leihräder fürs Einkaufen in Wolfratshausen und Wakeboards fürs Surfen auf der Loisach. Direkt neben dem Eingang das Frauen-Tipizelt, wo sie sich sicher fühlen können, ähnlich wie bei den Frauenparkplätzen in den Tiefgaragen. Es gibt ein paar Dauercamper und auch viele Fahrradfahrer auf dem Weg von München nach Venedig, die hier ihren ersten Stopp einlegen. Direkt neben dem Gelände der Badesee, idyllisch anzuschauen, aber bevölkert von Karpfen und auf großen Flächen bedeckt von Algen. Letzteres soll aber besser werden.

Adresse Badstraße 2, 82515 Wolfratshausen | **Anfahrt** über die Wolfratshauser Straße (B 11) in Richtung Wolfratshausen | **Öffnungszeiten** ganzjährig | **Tipp** In Wolfratshausen ist für 2019 eine Welle geplant, wie es sie in München schon lange gibt. Surfer, kommt nach Wolfratshausen!

108 — Der japanische Garten
Ich glaub, ich seh nicht recht!

Der japanische Delegationsleiter wäre beinahe in Ohnmacht gefallen, als er den Zustand seines Geschenkes sah. Denn für einen Japaner soll jede Pflanze erkennbar ihre Charakteristika und ihre vorgegebene Form behalten und nicht unkontrolliert wuchern. »Wir haben euch einen Garten und keinen Wald geschenkt«, ächzte er, als die Wolfratshauser ihm stolz zeigen wollten, was aus seinem Gartengeschenk anlässlich der 1.000-Jahr-Feier ihrer Stadt geworden war.

Ob nun ein japanischer Garten religiöse Themen oder eine kleine Landschaft darstellt oder als Bühne für eine Teezeremonie dient, charakteristisch sind immer die Bäume, Steine und natürlichen Materialien in verschiedenen Formen, die die Natur nachbilden.

In japanischen Gärten dominieren immergrüne Pflanzen wie Farne oder Gräser. Die Blütenpracht wird nur äußerst sparsam eingesetzt und wenn, dann fast immer in Rottönen oder Weiß.

Wasser ist eines der wichtigsten Elemente eines japanischen Gartens. Der Wasserfall gilt als Symbol für die Erleuchtung des Menschen, die Wasserflächen spiegeln den Himmel und stellen so eine Verbindung zwischen Himmel und Erde her.

Das Schwierigste ist das Positionieren der Steine. Da kann es schon mal Jahre dauern, bis ein Gärtner das perfekt beherrscht. Die Steine befinden sich im Blickzentrum des Gartens und stellen das Zentrum der Kraft und Harmonie dar. Sie sollen den Betrachter harmonisieren. Mit ihrer holprigen Gestaltung und dem unebenen Verlauf bilden sie das Leben nach, das ja auch nicht gerade verläuft. Außerdem bewegt sich nach Feng-Shui das Böse in geraden Linien. Die einzelnen Trittplatten erinnern an den Weg des Lebens, den man Schritt für Schritt geht. Quer in den Weg eingelassene, längliche Steine symbolisieren die Schwelle, die den Übergang von der realen Welt in die spirituelle darstellt.

Der Garten wird heute von Ehrenamtlichen gepflegt. Japaner, ihr könnt wiederkommen!

Adresse Johannisplatz, 82515 Wolfratshausen | **ÖPNV** S 7, Haltestelle Wolfratshausen | **Anfahrt** B 11 Wolfratshauser Straße in Richtung Wolfratshausen | **Öffnungszeiten** immer zugänglich | **Tipp** Japanische Touristen kaufen nicht nur gern bayerische Schokoladen ein, sondern ganz besonders Baumkuchen, die vor mehr als 100 Jahren ein Deutscher in Japan populär machte. Zu kaufen unter anderem im Rathaus-Café am Obermarkt. Folge 58 (»Die Japaner kommen«) von »Hubert und Staller« wurde im Hotel Gasthof Humplbräu und im Landhaus Café Wolfratshausen gedreht.

109 Das Stadtarchiv
Krachlederne und Kondolenzbrief

Man sieht ja öfters bei »Hubert und Staller« die Amtsstuben, die so überaus bayerisch sind. Ja klar, Fernsehen. Aber Simon Kalleder, der Archivar von Wolfratshausen, sieht wirklich so aus wie in der Serie gezeigt. Angetan mit einer Krachledernen, weiß-blauem Hemd, Lodenjacke und Haferlschuhen ist er der Inbegriff eines Bayern, der mit seiner Kleidung einfach richtig und gut angezogen ist. An einem Kleiderhaken hängen die Hüte und Uniform des Gebirgsschützen, an der Wand diverse Stiche. Unter anderem von der explodierten Wolfratshauser Burg, aus deren Steinen die Münchner Residenz erbaut wurde.

Simon Kalleder ist ein ambitionierter, gesprächsfreudiger Archivar, der einen ins Archiv begleitet. Hier kann man die Dokumente mit Handschuhen anfassen. Ein Highlight ist ein Brief von König Ludwig II., den er nach dem frühen Tod seines Vaters den Wolfratshausern geschrieben hat, als Antwort auf ihr Beileidsschreiben: »Herr Bürgermeister Melchior Schneider! Die Adresse der Einwohnerschaft von Wolfratshausen, in welcher eine rührende Teilnahme an dem unermesslichen Verluste ausgesprochen ist, den Ich und mein liebes Bayern durch den frühen Tod des besten Vaters erlitten, habe Ich mit Befriedigung entgegengenommen.«

Von Kalleder erfährt man auch das Geheimnis der Kultserie »Hubert und Staller«: Abgesehen von den beiden genialen Schauspielern ist es auch so, dass die Serie wirklich weitgehend in Wolfratshausen und der direkten Umgebung gedreht wird, im Gegensatz zu einer anderen in Oberbayern spielenden Serie. Auch das Eingangstor des Archivs diente bei »Hubert und Staller« schon als Drehort. Und bei den »Rosenheim-Cops« wird zwischendurch immer mal wieder eine Flussszene eingefügt, die die Loisach bei Wolfratshausen zeigt.

Simon Kalleder gibt einem noch eine dringende Warnung mit auf den Weg: Es heißt Wolfratshauser! Nicht Wolfratshausener!

Adresse Neues Archiv in der »Ehemaligen Landwirtschaftsschule«, Bahnhofstraße 12, 82515 Wolfratshausen | **ÖPNV** S 7, Haltestelle Wolfratshausen, Bahnhofstraße folgen, links | **Anfahrt** über die Wolfratshauser Straße (B 11) in Richtung Wolfratshausen | **Öffnungszeiten** Mo, Di, Mi 9–12 und 14–16 Uhr, Do 9–12 Uhr | **Tipp** Der »Kräuter-Kraft-Kreis« vor der Stadtbücherei: Man sitzt unter einer großen Linde zwischen Kräutern und kann in Ruhe schmökern.

WOLFRATSHAUSEN-WALDRAM

110 Das Badehaus
Das letzte Schtetl Europas

Mal wieder haben engagierte Bürger einen Abriss verhindert. Im vorliegenden Fall den des sogenannten Badehauses in Waldram, in dem sich erst eine Mikwe (ein jüdisches Ritualbad) und später der Sanitärbereich eines Arbeitslagers befand. In diesem Gebäude wird die wechselvolle Geschichte von Waldram im 20. Jahrhundert gezeigt.

Schon die Adresse des Badehauses erzählt Geschichte: Seit 1956 heißt er Kolpingplatz, zuvor (1945–1956) Independence Place und in den Jahren 1939 bis 1945 Danziger Freiheit. Ab 1939 war Waldram eine Mustersiedlung der Nazis, erkennbar an der gedrungenen Bauweise, die an Burgen und an die Romanik erinnert. Offiziell wurde hier Schokolade hergestellt, tatsächlich aber diente die Siedlung während des Zweiten Weltkriegs als Lager für Rüstungsarbeiter der nahe gelegenen Munitionsfabrik. Hier lebten an die 5.000 Männer und Frauen aus 16 Ländern auf engstem Raum. Nach 1945 wurde Föhrenwald, wie das Lager damals hieß, in ein Lager für sogenannte Displaced Persons umgewandelt, also verschleppte oder deportierte Menschen, die nach der Befreiung durch die Alliierten außerhalb ihres Heimatlandes waren. Dazu gehörten vor allem Zwangsarbeiter, Überlebende der Konzentrationslager sowie Gefangene der Nazis. Es sollte eines der größten und am längsten bestehenden dieser Lager in Deutschland werden. Dann übernahm 1956 das katholische Siedlungswerk die Häuser, um dort heimatvertriebene katholische Familien unterzubringen. Föhrenwald wurde nun in Waldram umbenannt.

Foto- und Texttafeln auf einer Wand außerhalb des Gebäudes stellen jeweils Schicksale der Juden und der Heimatvertriebenen gegenüber. So zum Beispiel die Geschichte von den kranken Kindern, die es mit ihren Familien schwer hatten, ein Land zu finden, das sie aufnahm. Ein Junge, der hier auf einem Foto zu sehen ist, kam später nach Deutschland zurück und wurde Arzt.

Adresse Kolpingplatz 1, 82515 Wolfratshausen-Waldram | **ÖPNV** S 7, Haltestelle Wolfratshausen; Bus 301, Haltestelle Waldram | **Anfahrt** über die Wolfratshauser Straße (B 11) in Richtung Wolfratshausen | **Tipp** Das ganze Dorf hat sich den Reihenhauscharakter jener Zeit bewahrt. Man beachte die St.-Matthias-Kirche, auch sie im Nazistil erbaut. Dort steht noch eine prachtvolle Föhre in einem Privatgarten.

ZAMDORF

111 Der Zamilapark
Einmal um ganz Bayern

Gar als schönste Grünanlage Bayerns wurde der Zamilapark Mitte der 1990er Jahre ausgezeichnet. Weiß auch kein Mensch mehr. Geschweige denn, dass bekannt ist, dass dieser Park überhaupt existiert. Er hat seinen Namen von dem Frauennamen Zamila, der von zam = zahm, mild abgeleitet ist. Sehr passend für den ruhigen Zamilapark! Eigentlich ist er ganz und gar unspektakulär. Kein besonderes Gebäude, keine französische Barockordnung, unweit und breit nichts Außergewöhnliches – bis auf den Teil, in dem die riesigen Brocken stehen. Allesamt aus bayerischen Kiesgruben und Steinbrüchen. Aus Alpen und Alpenvorland, dem Schwäbisch-Fränkischem Schichtstufenland und dem Alten Gebirge Nord- und Ostbayern. Hier steht unter anderem ein Brocken Nagelfluh, ein spezielles Gestein, das vor allem am Alpenrand zu finden ist. Es besteht aus Flusskieseln, die zu einem Konglomerat verbacken sind, ist aus vielen einzelnen Steinen aufgebaut. Es sieht so aus, als hätte man Nägel so tief in den Fels geschlagen, dass nur noch deren Köpfe herausschauen. Deshalb wird er auch »Herrgottsbeton« genannt. Aus ihm wurden unter anderem Verkleidungen der Münchner U-Bahn hergestellt. Dann gibt es noch den Regensburger/Ihrler Grünsandstein, einst beliebter Baustein unter König Ludwig I. zum Beispiel für die Pinakothek, die Staatsbibliothek und die Residenz.

Ist man an einem ruhigen Wochentag eine Weile in diesem Park, dann wird die Stille hörbar, all dieses Zirpen, Quaken, Plätschern, das Rauschen der Bäume. Denn der Zamilapark ist die Heimat vieler Tiere. Überschaubar, nicht überlaufen und ruhig.

1877 zählte man in der Gegend 66 Ziegeleien; Anfang des 20. Jahrhunderts waren es zwischen Zamdorf und Johanneskirchen elf Fabriken. In den 1960er Jahren stellte die letzte Ziegelei auf Münchner Grund ihren Betrieb ein. Mit Ziegeln aus dem Münchner Osten wurden im 19. Jahrhundert die Häuser der Vorstädte gebaut wie die des Franzosenviertels in Haidhausen.

Adresse Eylauerstraße 34, 81929 München | **ÖPNV** S 8, Haltestelle Daglfing, 10-minütiger, idyllischer Fußweg entlang dem Bahngleis | **Anfahrt** B 2R, Prinzregentenstraße, Ausschilderung nach Zamdorf folgen | **Tipp** Den Besuch im Park kann man freitags und samstags gut mit einem Besuch des malerischen Daglfinger Flohmarkts verbinden.

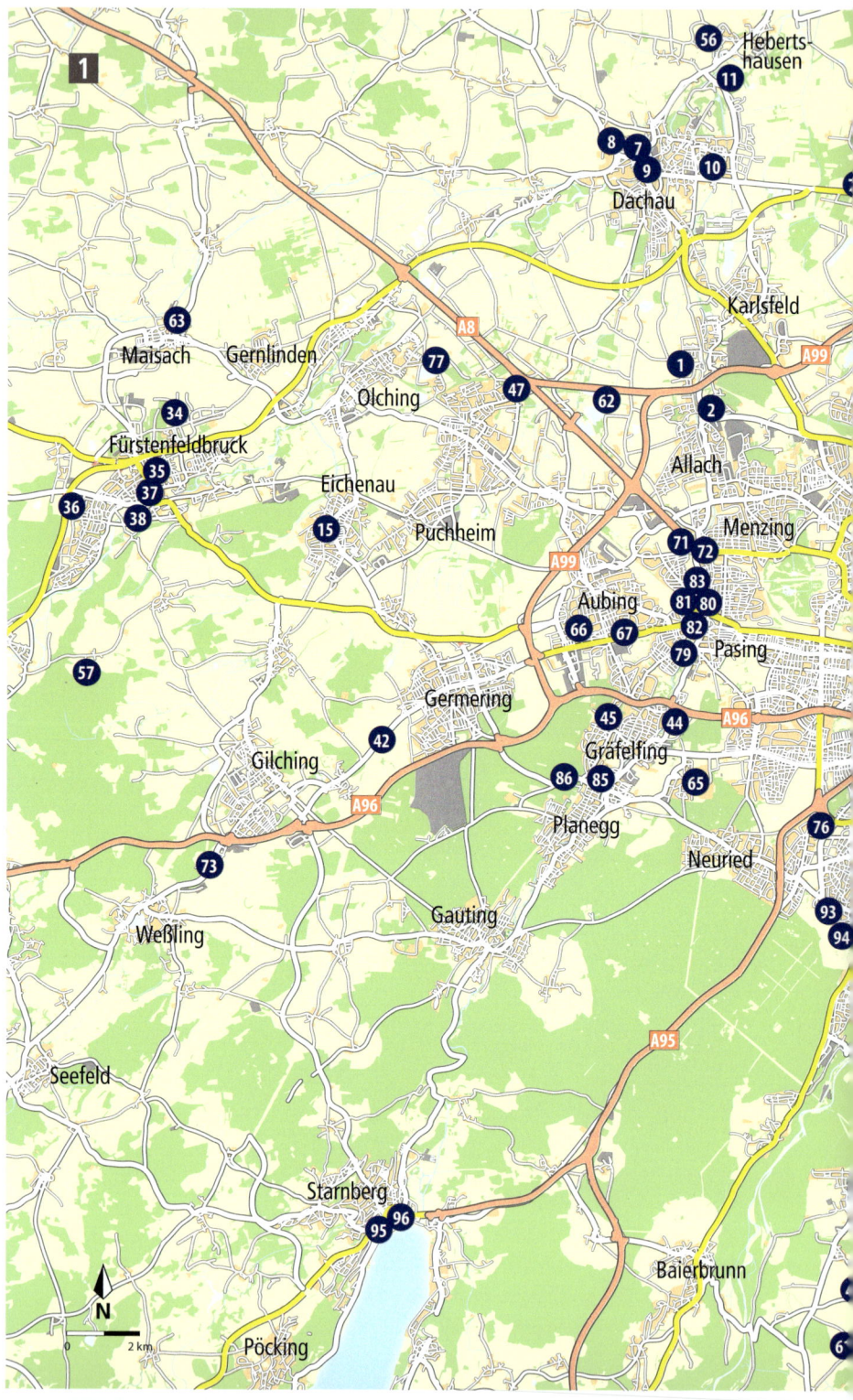

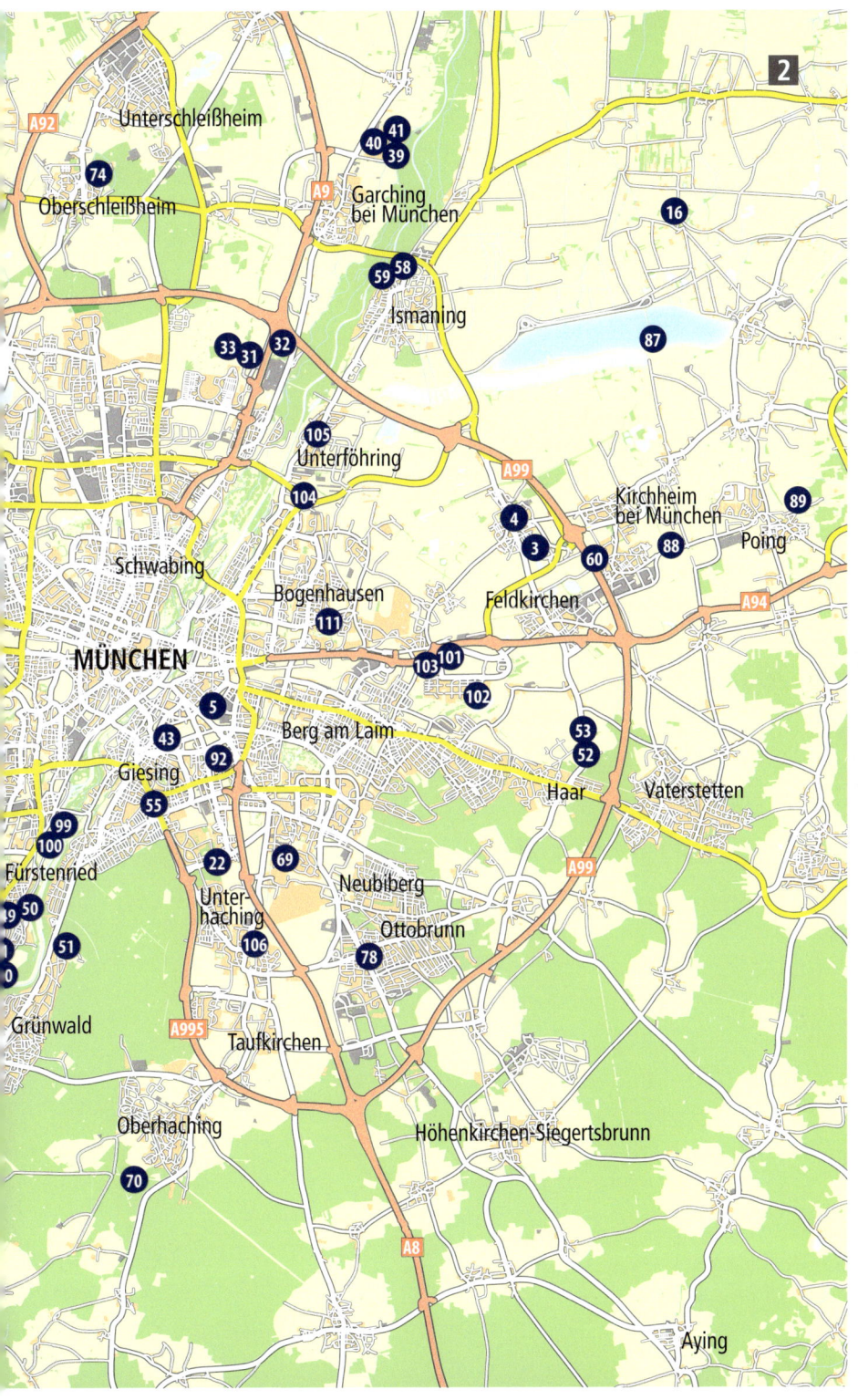

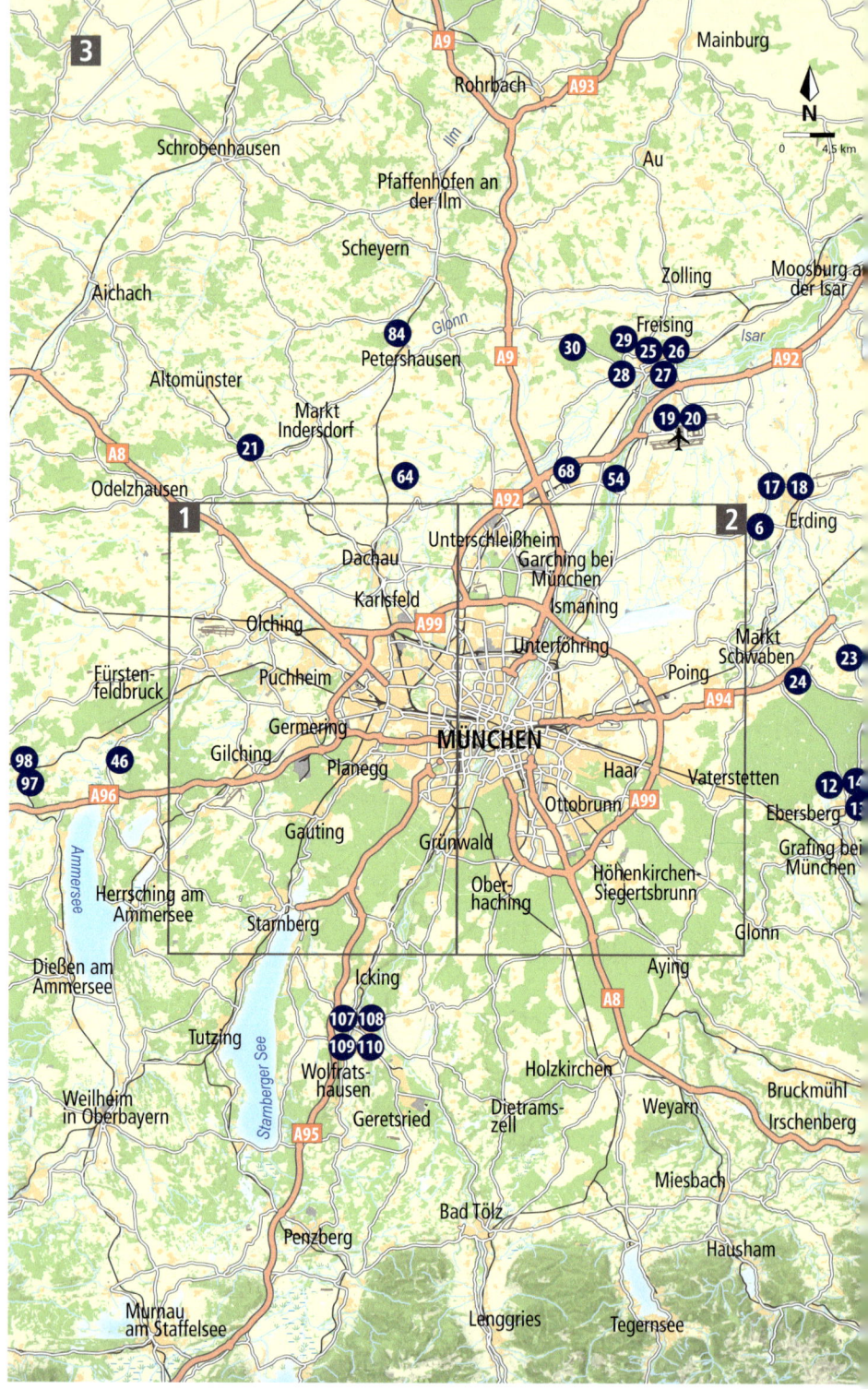

Cornelia Ziegler
111 Orte im Allgäu, die man gesehen haben muss
ISBN 978-3-95451-343-7

Cornelia Ziegler, Chris Sindermann
111 Orte auf Kreta, die man gesehen haben muss
ISBN 978-3-95451-540-0

Cornelia Ziegler, Alfred Hössl
111 Orte in und um Baden-Baden, die man gesehen haben muss
ISBN 978-3-7408-0134-2

Florian Kinast
111 Orte für Kinder in München, die man gesehen haben muss
ISBN 978-3-7408-0431-2

Rüdiger Liedtke
111 Orte in München auf den Spuren der Nazi-Zeit
ISBN 978-3-7408-0354-4

Astrid Süßmuth
111 Spukorte in und um München, die man gesehen haben muss
ISBN 978-3-7408-0336-0

Rüdiger Liedtke
**111 Orte in München,
die Geschichte erzählen**
ISBN 978-3-95451-221-8

Rüdiger Liedtke
**111 Orte in München, die
man gesehen haben muss
Band 2**
ISBN 978-3-95451-043-6

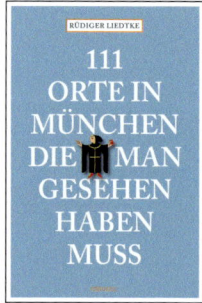

Rüdiger Liedtke
**111 Orte in München, die
man gesehen haben muss**
ISBN 978-3-89705-892-7

Christine Hochreiter, Frank Klein
**111 Orte in und um Passau,
die man gesehen haben muss**
ISBN 978-3-7408-0429-9

Bernd Schinner, René Rabenbauer
**111 Orte im Fichtelgebirge,
die man gesehen haben muss**
ISBN 978-3-7408-0405-3

Eva Krötz
**111 Orte im Oberpfälzer Wald,
die man gesehen haben muss**
ISBN 978-3-7408-0331-5

Oliver Ultsch, Pia Ultsch
**111 Orte in und um Coburg,
die man gesehen haben muss**
ISBN 978-3-95451-923-1

Jochen Reiss
**111 Orte im Fünfseenland,
die man gesehen haben muss**
ISBN 978-3-95451-851-7

Sabine Becht, Sven Talaron
**111 in und um Bamberg, die
man gesehen haben muss**
ISBN 978-3-95451-706-0

Julia Lorenzer, Fabian Marcher
**111 Orte in Rosenheim und im Inntal,
die man gesehen haben muss**
ISBN 978-3-95451-735-0

Gregor Nagler
**111 Orte in Augsburg, die
man gesehen haben muss**
ISBN 978-3-95451-598-1

Marion Rapp
**111 Schätze der Natur rund
um den Bodensee, die man
gesehen haben muss**
ISBN 978-3-95451-619-3

Richard Auer, Gerhard von Kapff
111 Orte im Altmühltal und in Ingolstadt, die man gesehen haben muss
ISBN 978-3-95451-616-2

Reiner Vogel, Maximilian Raab
111 Orte in Niederbayern, die man gesehen haben muss
ISBN 978-3-95451-539-4

Kerstin Söder
111 Orte im Fränkischen Seenland, die man gesehen haben muss
ISBN 978-3-95451-492-2

Jo Seuß
111 Orte in Fürth und Erlangen, die man gesehen haben muss
ISBN 978-3-95451-416-8

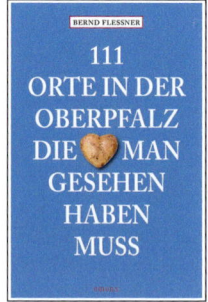

Bernd Flessner
111 Orte in der Oberpfalz, die man gesehen haben muss
ISBN 978-3-95451-369-7

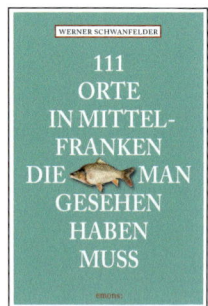

Werner Schwanfelder
111 Orte in Mittelfranken, die man gesehen haben muss
ISBN 978-3-95451-336-9

Renate Bugyi-Ollert (Recherche),
Bernhard Horsinka,
Angelika Baumgartner
**111 Orte in und um Würzburg,
die man gesehen haben muss**
ISBN 978-3-95451-216-4

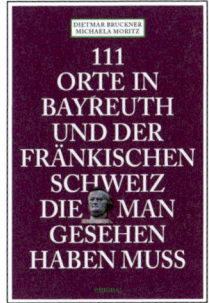

Dietmar Bruckner, Michaela Moritz
**111 Orte in Bayreuth und
der Fränkischen Schweiz,
die man gesehen haben muss**
ISBN 978-3-95451-130-3

Dietlind Castor
**111 Orte am Bodensee, die
man gesehen haben muss**
ISBN 978-3-95451-063-4

Reiner Vogel, Maximilian Raab
**111 Orte in Regensburg, die
man gesehen haben muss**
ISBN 978-3-95451-054-2

Lust auf mehr? Laden Sie sich die »LChoice«-App runter, scannen Sie den QR-Code und bestellen Sie weitere Bücher direkt in Ihrer Buchhandlung.

Die Autorin

Cornelia Ziegler musste erst in die Fremde – nach Griechenland – ziehen, um ihre Heimat schätzen zu lernen. Die Wahlmünchnerin mit bayerischem Blut und badischen Wurzeln lebt in München und auf Kreta. Ihre Inselentdeckungen schreibt sie auf der Insel auf, ihre Stadtentdeckungen gibt sie in München auf ihren Führungen weiter. Für den Emons Verlag war sie schon im Allgäu, auf Kreta, in Baden-Baden und nun im Münchner Umland an 111 Orten unterwegs. Ihre Bücher finden Sie unter www.cornelia-ziegler.de und ihre Stadtentdeckungen unter www.muenchen-stadtentdeckungen.de.